오백년기담

五白年奇譚

저자 최동주 일본어 초역 시미즈 겐키치
편자 이시준·장경남·김광식

제이앤씨
Publishing Company

식민지시기 일본어 조선설화자료집 간행사

1910년 8월 22일 일제의 강점 이후, 2010년으로 100년이 지났고, 현재 102년을 맞이하고 있다. 1965년 한일국교 정상화 이후, 한일간의 인적·물적 교류는 양적으로 급속히 발전해 왔다. 하지만 그 양적 발전이 반드시 질적 발전으로 이어지지 않았음이, 오늘날의 상황이다. 한일간에는 한류와 일류, 영화, 드라마, 애니메이션, 만화, 음악, 소설 등 상호 교류가 확대일로에 있지만, 한편으로 독도문제를 둘러싼 영유권 문제, 일제강점기의 해석과 기억을 둘러싼 과거사 문제, 1930년대 이후 제국일본의 총력전 체제가 양산해낸 일본군 위안부, 강제연행 강제노역 등 전쟁범죄 문제 등이 첨예한 현안으로 남아 있다.

한편, 패전후 일본의 잘못된 역사인식에 대한 시민단체와 학계의 꾸준한 문제제기가 있었고, 이에 힘입은 일본의 양식적 지식인이 일본사회에 존재하는 것도 엄연한 사실이다. 이제 우리 자신을 되돌아보아야 한다. 우리는 일제 식민지 문화와 그 실체를 제대로 규명해 내었는가? 해방후 행해진 일제의 식민지 문화에 대한 비판적 연구가 행해진 것은 사실이지만 그 실체에 대한 총체적 규명은 아직도 지난한 과제로 남아 있다.

일제는 한국인의 심성과 사상을 지배하기 위해 민간설화 조사에 착수했고, 수많은 설화집과 일선동조론에 기반한 연구를 양산해 냈다. 해가 지나면서 이들 자료는 사라져가고 있고, 서둘러 일제강점기의 '조선설화'(해방후의 한국설화와 구분해, 식민시기 당시의 일반적 용어였던 '조선설화'라는 용어를 사용) 연구의 실체를 규명하는 작업이 요청된다.

이에 본 연구소에서는 1908년 이후 출간된 50여종 이상의 조선설화를 포함한 제국일본 설화집을 새롭게 발굴하여 향후 순차적으로 자료집으로 출간하고자 하니, 한국설화문학·민속학에서 뿐만이 아니라 동아시아 설화문학·민속학의 기반을 형성하는 기초자료가 되고, 더 나아가 국제사회에서의 학문적 역할을 증대하는데 공헌할 수 있기를 바라마지 않는다.

숭실대학교 동아시아 언어문화연구소

소장 이 시 준

『오백년기담』

장경남, 이시준

1 『오백년기담』의 편자와 저술의도

『五百年奇譚』은 崔東洲(1865~?)가 저술한 책으로 조선시대의 주요 인물과 사건을 둘러싼 이야기집이다.

편집 겸 발행자인 최동주에 대해서는 자세히 알려진 바가 없다. 다만 『韓國野談全集』에 수록된 현대역본 『오백년기담』의 역자인 崔載喜의 발문을 통해 최동주에 대한 정보를 얻을 수 있다. "述者의 本名은 相宜요, 東洲는 그의 號(晩年의 號는 檀黎)다. 西紀 一八六五년에 作故했다. 漢學者로서 二十七歲에 進士試에 합격했고, 三十代에 培材學堂에서 英語를 修了했을 뿐, 이렇다고 할 만한 경력 없이 一生을 寒士로 지낸 분이다." 라는 글을 통해서 최동주는 27세에 진사시에 합격했지만, 벼슬을 하지 못하고 일생을 한사로 지낸 인물이라는 정도로만 알려졌을 뿐이다.

『오백년기담』의 간행 경위는 최동주가 서문을 통해 밝히고 있다.

> 므릇 人의 常情이 莊嚴은 憚ᄒᆞ고 詼謔은 喜ᄒᆞᄂᆞᆫ 故로 經傳을 讀ᄒᆞᆷᄋᆡ 厭이 生ᄒᆞ고 小說을 看ᄒᆞᆷᄋᆡ 倦을 忘ᄒᆞ며 經傳은 百讀호ᄃᆡ 易忘ᄒᆞ고 小說은 一覽호ᄃᆡ 輒記ᄒᆞᄂᆞ니 이ᄂᆞᆫ 實로 有生의 大例라. 人을 善히 教ᄒᆞᄂᆞᆫ 者ㅣ 반다시 其情을 因ᄒᆞ야 利導ᄒᆞ나니 此가 昔으로붓터 小說의 作ᄒᆞᆫ 所以로다. 今에 小說界의 面目이 日新ᄒᆞ야 佳篇麗作이 愈出愈奇ᄒᆞ야 閨閤의 教誨를

寓言에 發ᄒᆞ고 社會의 改良을 滑稽로 諷ᄒᆞ니 其意가 洵히 美ᄒᆞ고 ᄯᅩ 善ᄒᆞ도다. 然ᄒᆞ나 愚ᄂᆞᆫ 窃思컨ᄃᆡ 他邦의 人地ᄅᆞᆯ 假借ᄒᆞ고 虛空의 事蹟을 捏造ᄒᆞᆷ이 엇지 本地의 固有ᄒᆞᆫ 實事ᄅᆞᆯ 述ᄒᆞᆷ만 如ᄒᆞ리오. ᄃᆡ기 本地의 事蹟은 本地人에게 最히 感觸ᄒᆞ기 易ᄒᆞᆯ ᄲᅮᆫ 不啻라. 雖或不經의 說이라도 他日考據上에 必要ᄒᆞᆯ 處가 有ᄒᆞ리로다. 山房雪夜에 擁爐無寐ᄒᆞᆯ 際에 兒們이 敎科ᄅᆞᆯ 複習ᄒᆞ야 畢ᄒᆞ고 古昔偉人의 事蹟을 請聞ᄒᆞ거ᄂᆞᆯ 이에 我鮮五百年來의 稗史와 傳記 中에 最奇最異ᄒᆞ고 可驚可喜ᄒᆞ야 小說에 類ᄒᆞᆫ 者ᄅᆞᆯ 每夜一兩段說與ᄒᆞ고 因卽 抄錄케ᄒᆞ야 三餘ᄅᆞᆯ 過ᄒᆞᆷᄋᆡ 드ᄃᆡ여 一冊을 成ᄒᆞ얏더니 友人이 過見ᄒᆞ고 印出ᄒᆞ기를 要ᄒᆞᄂᆞᆫ 故로 그 緣起ᄅᆞᆯ 記ᄒᆞ야 卷首에 弁ᄒᆞ노라.(崔東洲, 『五百年奇譚』, 서문, 皆有文館, 1913.)

위 서문의 내용으로 보아 이 책은 처음에는 구술한 이야기를 문자로 옮긴 것이다. 즉, 산방의 눈오는 밤 화롯가에서 잠 오지 않을 때에 아이들이 교과의 복습을 마치고 옛날 위인의 사적 이야기 듣기를 청했기에 조선 오백년 이래 稗史와 傳記 중에서 "가장 기이한(最奇最異)" 이야기들로서, 小說의 부류에 근접하는 것들을 매일 밤 한두 가지씩 이야기해 주고 인하여 그것을 抄錄하게 했고, 석 달을 지나 1책을 완성하였는데 친구들이 간행을 요청하여 간행을 보게 되었다는 것이다. 이렇기 때문에 '著者' 라는 용어보다는 '述者'라는 용어를 썼던 것이다.

그리고 이 책에 수록된 이야기의 성격에 대해서도 분명히 밝히고 있다. 수록된 이야기는 소설이 아니라 "소설에 유한 자"라고 한 점이다. 소설은 사람들에게 흥미 있는 읽을거리이며 사람들을 교화시키는데 효과가 있다는 점을 들어 소설의 효용성을 언급하고는 있지만 이 책에 수록된 이야기는 적어도 소설은 아니라는 인식이다. 다른 나라 사람과 처지를 빌려서 허공의 사적을 날조하는 것은 본토의 고유한 사실을 진술함과 같을 수는 없다고 하여 다른 나라의 소설을 읽는 것보다는 본국의 사적을 읽는 것이 감동을 줄 수 있다고 하였다. 이로써 이 책은 소설의 부류에 속하되 소설은 아닌, 조선조의 사적을 얘기한 것이고, 그것을 책으로 엮은 것이다. 때문에 이 책에 실린 이야기는 다양한 조선의 인물과 그들의 일화가 중심을 이루고 있다.

2 『오백년기담』의 내용

『오백년기담』에 수록된 이야기는 총 180편으로, 시대적인 순서에 따라 배열되어 있다. 태조에서부터 숙종대까지의 인물과 관련된 일화들이다. 즉, 太祖 6편, 太宗 9편, 世宗 2편, 世祖 5편, 成宗 14편, 燕山君 1편, 中宗 17편, 明宗 18편, 宣祖 49편, 光海君 14편, 仁祖 39편, 肅宗 6편이다. 이야기의 절반 이상인 102편이 선조~인조조에 걸쳐 있고, 그중에서도 선조조와 인조조를 배경으로 한 이야기는 88편으로, 절대 다수를 차지한다.

각 편의 내용은 역사적 인물이나 사건에 대한 소개를 중심으로 하고 있다. 다만 이야기 자체를 전달하는 데 목적을 둔 듯 최동주 자신의 견해는 거의 피력되어 있지 않으나 간혹 의견을 표출하는 경우도 있다. 가령, 〈槐馬講經〉은 이야기 끝 부분에 "及其 發身ᄒᆞᄆᆡ 尹元衡에게 附ᄒᆞ야 一世 奸臣을 作ᄒᆞ니 此로 由ᄒᆞ야 觀ᄒᆞ건ᄃᆡ 小人의 生ᄒᆞᆷ도 莫非時運所關이로다."와 같이 부연한 경우도 있다. 이야기의 길이는 짧게는 2행밖에 되지 않는 짧은 이야기(〈血岩〉)부터 길게는 7면에 걸친 이야기(〈奇遇〉)까지 다양하다.

『오백년기담』에 수록된 작품의 성격을 총체적으로 파악하기 위해서는 유형 분류 작업이 필요하다. 수록된 작품은 특정한 인물과 관련된 일화가 주를 이루고 있으나 주제 및 성격에 따라 다음과 같이 분류할 수 있다.(숫자는

작품 편수임)

예지담:24, 풍자담:11, 몽조담:9, 피화담:9, 기롱담:8, 유래담:7, 현군담:7, 이인담:6, 관용담:5, 사물담:5, 명관담:4, 기보담:3, 명기담:3, 명복담:3, 보은담:3, 언변담:3, 열녀담:3, 지략담:3, 혼령담:3, 현부담:3, 강직담:2, 결연담:2, 명장담:2, 명필담:2, 신령담:2, 운명담:2, 전쟁담:2, 정쟁담:2, 지인담:2, 청빈담:2, 충복담:2, 해인담:2,

기타(1편만 해당) : 간신담, 거유담, 고승담, 과거담, 괴물담, 교류담, 근신담, 급제담, 기인담, 인물판화, 동물담, 득죄담, 망신담, 명풍담, 사기담, 신룡담, 신인담, 악한담, 어희담, 연명담, 우애담, 우인담, 이승담, 충비담, 충신담, 치사담, 치우담, 패가담, 풍류담, 해원담, 호협담, 효부담, 효자담, 흉인담

유형 분류에서 드러난 바와 같이 『오백년기담』의 이야기는 아주 다양한 양상을 보이고 있다. 유형 분류에서 가장 많은 유화는 임진왜란과 병자호란과 관련된 이야기와 반정에 관련된 이야기로 주로 정치적 사건과 인물에 관한 이야기이다. 조선조 오백년의 기이한 사적을 엮는다는 찬술자의 의도를 드러낸 셈이다.

유형 분류로 본 『오백년기담』의 이야기 성격은 주로 정치 현실과 관련된 이야기가 주를 이룬다는 점이다. 조선 건국, 임병 양란, 사화 등 주로 정치적 격변기의 이야기를 수록함으로써 굴곡 많았던 조선사의 이면을 드러내고자 했던 것이 아닌가 싶다. 그 가운데서도 임병양란과 관련된 예지담이 다수를 차지하고 있는 것은 국난의 위기를 짚어 봄으로써 일제 강점기의 현실을 바라보고자 했던 찬술자의 의도를 반영한 것이라 할 수 있다. 풍자담이 다수인 점도 이와 관련이 있다. 특히 정치현실에 대한 풍자를 통해서 당대 정치

현실을 바라보고자 했던 것이다. 이 책이 아주 다양한 성격의 이야기를 수록함으로써 조선왕조의 제 현상을 모두 반영하고 있기는 하나 독자들의 흥미를 끌기에 충분한 혼령, 신령, 괴물 등 비현실적인 이야기가 상대적으로 적다는 것도 이를 반증하는 것이라 여겨진다.

아무튼 조선왕조에 대한 기이한 사적을 엮는다는 찬술자의 의도에 맞게 아주 다양한 이야기를 수록함으로써 한 권의 책으로 조선의 역사를 짚어볼 수 있게 한 것이 『오백년기담』이라고 할 수 있다.

3 『오백년기담』의 이본

『오백년기담』은 현재 활자본 4종, 필사본 2종, 일본어본 3종 등으로 다양하게 존재한다. 이 가운데 간행 연도가 가장 앞서는 것은 활자본이다. 활자본이 간행된 이후에 이 작품을 대본으로 하여 필사본이 만들어 지고, 일본어 번역본이 간행된 것으로 보인다.

활자본은 皆有文舘에서 大正 2년(1913) 6월 27일에 초판이 간행된 이후 출판사가 바뀌면서 계속 간행되었다. 즉 廣學書舖에서 1916년에 재판, 1917년에 3판이 간행되었고, 新舊書林에서 1919년에 4판이, 최종적으로는 博文書舘에서 1923년에 간행된 것으로 5판으로 되어 있다. 이들의 판권지에는 초판 인쇄를 똑같이 大正 2년 6월 27일로 하고 있어, 개유문관의 판본을 바탕으로 5판까지 간행한 것으로 보인다.

활자본에 수록된 이야기의 내용이나 순서는 모두 같으나 몇몇 글자의 표기에 차이가 있다. 가령 개유문관본과 박문서관본을 대조해 보면, 개유문관본은 오탈자의 경우에는 정오표를 만들어 수정을 하였으나 박문서관본에는 수정을 하지 않고, 그 오자가 그대로 있는 경우가 있다. 그리고 개유문관본의 오자를 박문서관본에서는 수정한 경우도 있다. 수록된 이야기 가운데 〈詩獄〉에서 권필의 한자 이름 '韠'이 개유문관본에는 잘못된 글자인 '鞸'로 되어 있으나 박문서관본에서는 '韠'로 되어 있는 것이 그 한 예이다.

필사본은 한국학중앙연구원 장서각 소장본으로 39장본과 63장본 두 종류가 있다. 39장본은 이야기의 제목에 한자를 병기했을 뿐 모두 국문으로 쓰여 있는데, 매면 12행 매행 18자 내외이다. 이야기 수는 총 31화이다. 필사기가 없어 필사 연대를 알 수는 없다. 기 간행된 활자본을 대본으로 하여 직역을 한 것이다.

63장본은 표제가 '五百年奇譚 上'으로 되어 있고 수록된 이야기는 109편이다. 활자본을 필사한 것으로 보이는데, 활자본에 수록된 이야기가 총 180편인 것으로 미루어 상하 두 책으로 나누어 엮으려고 했던 것 같다. 표지 다음 장의 "大正十三年陰正月二十九 始"라는 기록과 마지막 장의 "松山公立普通學校 訓導 趙漢九"라는 기록을 토대로 이 책이 필사된 시기와 필사자를 알 수 있다. 즉 大正 13년인 1924년에 송산공립보통학교 교사인 조한구가 필사한 것이다. 수록된 이야기의 내용과 순서가 기 간행된 국한문 혼용인 점도 같다. 이로 미루어 보아 활자본을 필사한 것으로 볼 수 있다.

4 일본어 번역본『오백년기담』

일본어 번역본은 鮮滿叢書(東京 自由討究社, 1923) 수록본, 朝鮮研究叢書(京城 自由討究社, 1926) 수록본, 朝鮮叢書(東京 朝鮮問題研究所, 1936) 수록본이 전한다.

『오백년기담』의 일본어 번역본은 국내에서 간행된 활자본의 내용 전부를 번역한 것이 아니라 발췌 번역한 것이다. 일본어로 발췌 번역한 사람은 시미지 겐키치(淸水鍵吉)이다. 그는 이 책 외에도 『병자일기』와 『팔역지』, 『주영편』, 『숙향전』을 번역하였다. 시미지 겐키치가 발췌 번역한 『오백년기담』은 조선 고서 간행 사업의 일환으로 이루어진 총서에 수록되었다. 즉, 1923년에는 선만총서(전 11권) 11권에, 1926년에는 조선연구총서(전 10권) 9권에, 1936년에는 조선총서(전 3권) 3권에 수록되었다.

일본어 번역본은 매면 12행으로 총 84면으로 되어 있다. 내용은, 시미지 겐키치의 「오백년기담을 읽고」라는 해제 성격의 글을 앞세우고 목차에 이어 본문에는 총 78편의 이야기로 구성되어 있다. 세 번에 걸쳐 총서에 수록되어 간행되었지만 똑 같은 판본이다. 수록된 이야기의 제목을 열거하면 다음과 같다.

文萊	雪中梅	伐李
咸興差使	孝寧大君鼓皮	王兄佛兄
言言是是	沈印淵	公堂問答
松都契員	紫薇經柳宿	珠出鵝後
粉鬼爲媒	鴨脚興廢	笑春風
琮沈橋	轉禍爲福	鵲巢賜第
田歸主福歸佛	錄事子相公壻	見其子放其父
八鼈現夢	三林一枝	猫活猪頭
聞哭知奸	南山放糞詩	怪哉扇書
花應差上老人頭	蜜栢	今夕飯數匙加給
三馬太守	白魚貪餌	松都三絶
爲主復讐	獸畜賜姓	鐵冠
太宗雨	甲山鬼妖	白岳夜叉

血巖	石將軍	金蟾
愛香	孝鬼投橘	汝頭爲寶
神嫗獻矢	取棺作栖	知母不知父
奇遇	禹姓跖行	對日鹽
哭龍	飛字飛去	治腫相國
神逐賊酋	飢民頭及第	岩屑米
朝鮮公事三日	都目演戲	呀嗟峴
練光亭桂月香	矗石樓論介	五行堂上
今日火出	以妻代妓	詩獄
織具代箭	石行	飯匙稍鉅卽上變
春意春畵	異僧	氷城
不剃髮	人面雹	以手啖食
因妾捕賊	刑罰不可無	凶則吉
尼僧固所願		

수록된 이야기 가운데 〈松都三絶〉의 경우에는 중간 부분의 8행과 끝부분의 1행 정도가 삭제되었다. 활자를 빼버리고 인쇄를 한 것이다. 개유문관본과 비교해 보니 이야기 가운데 성기 노출과 같은 음란한 표현을 삭제한 것이다. 가령, "手로 陽莖을 試撫ᄒᆞ니 堅剛如鐵ᄒᆞ되" 라는 구절을 번역한 부분을 삭제했다. 이는 세 가지 총서에서 똑같은 바, 각 총서는 같은 판본을 사용하였음을 입증하는 것이다.

번역 양상은 기본적으로 직역을 위주로 하여 내용의 가감이 없이 충실히 번역하되, 자세한 설명을 요하는 부분은 한 두 구절 정도 설명을 추가하기도 하였다. 이야기의 제목에는 '文萊(木綿 織る機械)', '雪中梅(歌妓)', '伐李(地名)', '咸興差使(往きて還らざる諺言)' 등과 같이 내용 이해에 도움이 되는 간단한 설명을 병기하였다. 번역된 78편의 이야기는 어느 한 왕조대에 치우

치지 않고 원전에서처럼 각 왕조대에 걸쳐 골고루 발췌하였다.

『오백년기담』의 일본어 번역본은 '선만총서'에 처음으로 수록되었다. 이 책을 번역한 겐키치는 이 책의 성격에 대해 "本書には間々巷間の俗說、孝子貞婦の奇行も載せられてあるが、主として宮庭、大官に關した事柄が收錄されてあるので、李朝五百年の裏面史とも見られるのである。衣冠束帶せる正史には潤飾誇張を免れないが、打寛いだ 肌脫ぎ姿には眞率味がある。本書中に載錄された片言隻語の間には、その虛飾せざる、辜負せざる赤裸々な朝鮮史を窺ひ見ることが出來る。書名は五百年奇譚であるが、實は五百年野史とも見られる。(이 책에는 중간 중간 항간의 俗說, 孝子 貞婦의 奇行도 실려 있는데, 주로 宮廷, 大官에 관한 이야기가 수록되어 있어 이조 오백년의 裏面史라고도 할 수 있다. 의관 속대를 한 正史에는 윤색과 과장이 피할 수 없지만, 편안하게 웃옷을 벗은 모습에는 진솔미가 있다. 이 책에 실린 짧은 문장에서는 허식이 없고 속임이 없는 적나라한 조선의 역사를 엿볼 수 있다. 書名은 五百年奇譚이지만 실제로는 五百年野史라고도 할 수 있다.)" 고 하였다.

번역자가 언급한 대로 이 책에 실린 이야기가 "허식이 없고 속임이 없는 적나라한 조선의 역사"라고 평가를 해야 할지는 모르겠으나, 적어도 이 책을 접한 일본인에게 조선의 이면사는 보여준 셈이다. 어떻게 보면 정사보다도 더 정확하게 조선인의 세세한 실상을 읽었을 것으로 본다. 조선의 실상에 대한 전반적 이해는 가볍게 읽을 만한 야담집을 통해 가능하리라 기대했고, 그 결과 일본어 번역본이 간행된 것이다. 결국 겐키치가 번역한 『오백년기담』은 '선만총서'에 수록됨으로써 이 책의 간행을 주도한 호소이의 의도대로 내선결합에 일조하였을 것으로 보인다.

▌참고문헌

장경남 · 이시준, 「일제강점기에 간행된 야담집에 대하여-『五百年奇譚』을 중심으로」, 『우리문학연구』, 제34집, 우리문학회, 2011.

五百年奇譚

崔東州 編述

清水鍵吉 抄譯

五百年奇譚を讀みて

題して奇譚といふ。眞に奇譚である。

成宗の朝に、或る儒生が、門前の樹に鵲が巣を造れば必ず及第するといふ俗説を信じ、鵲の巣喰へる樹を他より斫り來つて門前に植付け、及第を望めるなど、抱腹絶倒の奇譚である。

同じ成宗朝に、或る豪農が田地を寺院に寄進したが、子孫は零落して貧困に陷つたので、寄進した田地の返却方を寺院に迫つた、寺僧は中々承知しないので遂に訴訟沙汰となつた、成宗大王は親ら裁判せられ、佛に田地を寄進したのは福を求めんがためであつた、然るに佛は頑迷不靈にして子孫を貧乏にした、田地は元の主人に返へし、福は佛に返すべきものであると判決したなど、まことに興あることである。

また中宗朝に、前承旨の思順が家宅搜索をされた時に、南山放糞の詩と題せる句に、

一

『一聲の雷雨天地を掀かす、香は滿つ長安百萬の家』とあつたのを、主上は殊の外激怒せられ、長く牢獄に繫がれたなどは、可なり徹底した奇譚ではないか。

更に、朝鮮公事三日といふことがある。宣廟の朝に、或る大官が各地方に通牒を發したが、三日目に訂正する箇所があつて回收を命じた。すると驛吏はその儘手も付けないものを返送して來たので、大官は顏を蹙めて叱責すると、驛吏は平氣な顏して『朝鮮の公事は三日目に替る』といふ諺があるから、また替ることだらうと思つて配布しなかつた。といへる如きは、如何に朝鮮に制令が行はれてゐなかつたことが、この數行の文字で察知することが出來るではないか。

壬辰の亂に、男色を以て提督李如松の愛を一身に聚めてゐた金姓を名乘る一人の美男が、遼東都督の命乞ひをしてやつた恩報じに、遼東都督は金を、上國の命令で朝鮮の大臣に推薦してあげたい、といつてゐることも、當時朝鮮が、如何に明國から輕侮されてゐたかを窺ひ知ることが出來る。

本書には間々巷間の俗說、孝子貞婦の奇行も載せられてあるが、主として宮廷、大官に關した事柄が收錄されてあるので、李朝五百年の裏面史とも見られるのである。衣冠束帶せる正史には潤飾誇張を免れないが、打寬いだ肌脫ぎ姿には眞率味がある。本書中に載錄された片言隻語の間には、その虛飾せざる、辜負せざる赤裸々な朝鮮史を窺ひ見ることが出來る。書名は五百年奇譚であるが、實は五百年野史とも見られる。

朝鮮の書物は、どの書冊も殆んど迷信と傳說とを以て彩られてゐるが、本書も亦何れ劣らぬ迷信が題材となつてゐる。それほど迷信と物忌とに脅かされてゐる朝鮮人が、壬辰の亂に、多くの墳墓を發掘して棺桶を取出し、これを楯板に造つて戰場に持運び、李如松に賞められたことを誇り顏に傳へてゐるのは不可解である。大抵物忌みをする民族は、不淨物を忌み嫌ふのが普通であり、殊に戰場に死人の棺桶を用ゐるなどは大禁物であらうと思はれるのに、これはまた平氣で死人を掘り出し、その棺を削り直して楯に使用してゐるなどは、朝鮮人でなければ爲し得ない機敏といへば機敏の行動である。死者を崇敬する觀念は、儒佛何れも優り劣りは無い。その儒佛何れをも尊奉する民族が、墳墓を發掘する機智……を有してゐることは大に敬服に堪えない。然うした心持だから、國を擧げて戰つてゐる時に、軍將は愛妾の許に入浸つてゐられるのかとも思はれる。

本書には賢妓、貞妓、節妓の佳話と稱するものが多く載せられてある一方に、或る男は官を求むるために、妻を妓と僞つて大官の寢床に引摺り込んだ失敗談もあり、石が歩き出したり、人面の雹が降つたりする奇譚もあり、長夏寢轉んで無聊を遣るには絶好の讀物であらう。

大正十二年七月

於東京茅廬

譯者　清水鍵」

五百年奇譚目次

五百年奇譚目次終

五百年奇譚

崔東州 編述
清水鍵吉 抄譯

文萊（木綿を織る機械）

世俗の語に、木綿を織る機械を文萊と稱するのは、文萊といふ人が其の機械を發明したからである。文萊は江城君文益漸の孫である。朝鮮には昔、木綿は無かつたが、高麗の恭愍王の朝に、江城君文益漸は中國に派遣された折に、中國の綿花を見て、潜かに其の種を取り、筆の管の中に隱匿して巧に檢査を免かれ、持歸つて播種栽培したのが、朝鮮に木綿の出來た始めである。

雪中梅（歌妓）

太祖大王の登極の初に、王は朝廷の宰臣を召して饗宴を開かれた。招かれたのは皆前朝の宰臣から新朝に仕官した者であつた。宴席には酒間を執持つ歌妓の中に、容顔美しく、淫色を喜ぶとの評判の高い雪中梅と呼ぶ歌妓がゐた。一大臣は醉に紛れて雪中梅の肩に凭れ懸り、『お前は東に情を鬻ぎ、西に操を賣ると云ふが、この老夫と一夕の枕席を共にしないか。どうだ。』と調戯《からか》へば、雪中梅は愛嬌笑ひをして、『東に情を鬻ぎ、西に操を賣る賤妓と、王氏に事へ、また李氏に事へる大臣と枕を交はすのは好一對でせう。』と答へたので、大臣は赤面して頭を垂れ默つてしまつた。

伐李（地名）

京城の東北隅なる惠化門から十餘里ばかり行くと、樊里といふ地名がある。樊里は舊《もと》伐李と云つたのである。高麗書の雲觀秘記に、『李王都漢陽』といふ豫言めいた讖說が載つてゐたので、高麗の忠肅王は漢陽に南京府を建てゝ、李姓のものを府尹に擧げ、三角山下に李の樹を澤山に種えて、繁茂すれば直ぐに斫り倒し、地氣を壓した。そこで地名を伐李と稱したが、朝鮮定都の後に、似寄りの語音を取つて樊里と改稱したのである。

咸興差使（往きて還らざる諺言）

太宗大王は、太祖大王の第五子であらせられ、太祖創業の時には最も功を顯はされたが、國王となられてから、繼妃の康氏の子である芳碩を世子に封じた。然るに奸臣鄭道傳等は芳碩を擁して太宗を殺害しようと謀つたので、太宗は兵を發して道傳等を誅戮し、芳碩を廢黜した。之を聞いた太祖大王は非常に怒つて、長子の定宗に位を禪らせ、夜半に咸興の舊邸に馳せ往き、門前に駐蹕せられたので、太宗は問安使を出して回鑾あらんことを請はせたが、問安使も問安使も射殺されて、一人も生還者が無かつたので、世俗では往つた切り還らぬことを咸興差使と云ふようになつた。

孝寧大君皷皮（柔かで剛力あるもの）

太宗大王は、初めに長子の讓寧を世子に冊立したが、實は第三子の忠寧（世宗）を非常に可愛がられてゐた。賢い讓寧は大王の意を能く悟つてゐたので、佯つて氣狂を裝ひ、勝手氣儘に振舞つた。果せるかな大王は怒つて讓寧を廢黜しようとした。何も知らない次子の孝寧は、兄の讓寧が廢黜されれば、順序として自分が世子に立てられると早合點して、それからは深く身を謹んで毎日机に向つて讀書してゐた。この容子を見て取つた讓寧は、矢庭に孝寧を蹴飛ばして、『愚か者の孝寧よ、お前は忠寧が大王の御氣に入りだと云ふことを知らないのか。』と哂つた。孝寧は、サテは兄の氣狂ひ染みた振舞は然うであつたかと悟つて、遽かに書を廢し、跳出して山寺に至り、終日兩手で皷を打つてゐたので、皷の皮はサヽクレて剛《こは》くなつて了つた。此事あつて以來世俗では、柔かで剛い力の有るものを孝寧大君の皷皮と言ひ傳へるやうになつた。

王兄佛兄

讓寧大君は佯り狂して位を世宗に讓つたが、天資倜儻（性質の豁達なるを云ふ）にして又能く時に隨つて跡を晦ます風格を具へてゐたので、世人は泰伯に比してゐた。弟の孝寧大君が嘗て佛會を催して讓寧を邀へた。讓寧は招かるゝ儘に、佛會の席に狐や兎を獵し、酒樽を備へて臨んだ。孝寧が叩頭して頻りに佛を拜んでゐる時に、讓寧は其傍で平氣で肉を喫ひ酒を飲んでゐた。孝寧は色を正しくして讓寧に向ひ、『今日は酒肉を止められよ』と詰つた。すると讓寧は呵々と大笑して、『僕は平生厚福を受けてゐる、生きては王兄となり、死しては佛兄となれるに、何を求めて粗末な食物を食ひ、殊更に身を苦しめる要があらう。』と相手にしなかつた。現今南大門の額に崇禮門の三字が揭げてあるのは讓寧大君の手筆で、その字畫の宏偉磊落なるは、眞に其人と爲りを想見すべきである。

言々是々

是非の辨別なき人を『黃喜政承』と云ふ俗言がある。黃喜は朝鮮の名相であつて、大事に臨む時は是非曲直を立どころに辨別するが、平生は淡如として細事には少しも拘泥しない人であつた。或日婢僕同志で喧嘩をした。一人の婢は事細かに黃喜に訴へて裁斷を仰いだ。黃喜は婢の言ふことを聞き了つて、『お前の言ふことは道理《もつとも》だ。』と首肯いた。入れ違ひに他の婢が來て訴へた。黃喜は聞き了つて、『お前の言ふことは道理だ』とまた首肯いた。傍で聞いてゐた夫人は可笑しさを怺えて、『老公の解らないにも程があるではありませんか、物事には一是一非のあるものを、双方とも道理では裁《さば》斷《き》がつきますまい』と注意した。すると黃喜は、『お前の云ふことも道理だ。』と濟ましてゐた。

沈印淵

朝鮮の賢相と云へば、先づ指を屈するのは黃喜と孟思誠とである。孟思誠は清廉質素の人であるが、曾て鄕里の溫陽に歸省した時に、目立たぬやうに從僕を引連れ、牛に騎つて行つた。陽城に威を振ふ官人が、孟公の歸省を長好院で待ち受けてゐた。すると向ふから牛に騎つた賤しい姿の老爺がのそ〳〵とやつて來たので、官人は目を瞋らして、『孟公さまのお通りだと云ふのに、なぜそんな見苦しい風でうろついて居るのだ』と叱した。賤しい姿の老爺は顏を上げて、『乃公《わし》は溫陽の孟古佛だ、自分の牛に、自分が騎つて行くに何も不思議はあるまい。』と酬ゐた。これを聞くと官人は蒼くなつて逃げ出した。周章てゝ驅け出す際に、印章を岸邊の淵に墜したまゝ立去つたので、後の人が其處を沈印淵と名けた。

公堂問答

朝鮮の初に、名相の聞え高かつた孟思誠が、溫陽の鄕里から朝に還る途中、雨に遇つたので龍仁のとある旅宿に入つて雨宿りをした。旅宿には威儀堂々と裝へる一人の青年が、樓上の上等室に横柄に構へてゐた。孟公は風采の揚らない旅姿で一室の片隅に坐した。傲慢な青年は、孟公を尋常の旅客と見縊つて、呼び込んで談笑を交はし、問答の終りには公字と堂字との音を用ゐて戯れてゐた。やがて孟公は青年に向つて、『君は何の用で上京するのか』と訊いた。青年は肩を聳やかして、『官を求めんためである。』と答へた。孟公は更に、『何の官を求めるのか』と推問した。青年は意氣昂然として、『錄事である。』と鼻を蠢動《うごめ》かした。孟公は、『それなら乃公《わし》が採用してやらう。』と事も無げに言つた。すると青年は烈火の如く怒つて、『人を馬鹿にするナ。』と憤激した。其後幾日かを經て。青年は錄事に採用されることを願ふために、政廳へ出頭した。政廳には孟公が威儀を正して儼然として控へてゐたが、青年を顧みて、『此の間はどうした。』と肩を叩いた。青年は始めてそれと知つて太く恐縮し、『穴があれば這入りたい〳〵』と叫喚《わめ》くので、座中一同驚いた。孟公が事の仔細を話すと、他の宰臣等は大口を開いて笑つた。孟公はすぐさま此の青年を錄事に採用してやつた。後の人は之を稱して公堂の問答と言ひ傳へてゐる。

松都契員（風采で人を見下げる馬鹿者のこと）

世祖の朝の功臣である韓明澮が、まだ落魄不遇の身の上であり、四十になつて始めて景德宮直（開城府に在り）に補せられた時に、同僚達は滿月臺で宴會を開いたことがある。酒が闌になつた頃、同僚達は互に約して曰ふには、吾儕は京洛の出身であり、故都に遊宦してゐるのであるから、宜しく契りを結んで永久に修交することとしようではないかと提議した。韓公も亦その契りの一員に加へて呉れと申出たら、同僚達は嘲笑つて誰れも肯諾しなかつた。然るに翌年、韓公は世祖を補佐して元勳となつたので、當時契りを結んだ小役人等は大に慚悔した。それ以來、勢を挾んで物に傲る馬鹿者のことを松都契員と稱した。

珠出鵝後（珠、鵝後より出づ）

世宗の朝の文衡尹淮は、少い時に故郷へ歸る途中、日も暮れたので一軒の宿屋に投宿を賴んだが、服裝《みなり》が卑しいので謝絕され、餘儀なく庭の隅を借りることにした。其の晩、主人の子供が大きな眞珠を弄んでゐたが、庭に落したまゝ立去つた。傍にゐた白い鵝が、奇妙な御馳走を呉れたものだと思つて、その眞珠を呑んで仕舞つた。暫時《しばらく》すると主人が眞珠を探しに來たが、いくら探しても見當らないので、尹淮に向つて、お前さんが窃み取つたのだらう、明朝になつたら訴へるから、それまで斯うしてゐろと繩を懸けた。尹公は何も言はずに、たゞ一言、あの鵝を吾が傍へ縛つて置けと命じた翌朝になると、鵝の尻からその眞珠が出て來た。主人は慚愧して幾度となく陳謝した。尹公は別に怒りもせず、その眞珠は鵝が呑んだのを私は知つてゐたのだ、けれども、若し然う言つたら、屹度あの鵝を剖いて眞珠を探し出すだらう、それでは鵝が不憫だから我慢をして言はずにゐたのだと言つた。尹淮の文章は一世を壓し、酒量も亦甚だ强かつたので、時人は呼んで文星酒星の聚精が降生したと言ひ合つた。

粉鬼爲媒（粉鬼媒を爲す）

世祖の朝の兵曹判書南怡は、宜山尉南輝の子で、太宗大王の外孫であるが、驍勇頗る絶倫であつた。少い時に街上に遊んでゐると、小奚（少さい召使ひ）が青い袱紗に裹んだ小笥（箱）を提げて行くのを見ると、袱紗の上に粉面した鬼女が坐つてゐた。怡は怪しみながら尾行して行くと、一宰相の家に入つた。と間もなく、泣き號ぶ哭聲が起つた。何事かと問へば、お嬢さんが俄かに死んだのだと云ふ。怡は點頭《うなづ》いて、私が蘇生させて上げませうと申入れた。家人は最初誰れも信じなかつたが、やゝ暫らくすると『お願ひ申します』と頼んで來た。粉面の鬼女はお孃さんの胸の邊りに據坐してゐたが、怡の入つて來るのを見ると逸早く走り去つた。と同時にお孃さんは蘇生した。怡が辭して立去らうとすると、お孃さんはまた氣絶して了つた。怡が立戻るとまた息を吹き返した。そこで怡は訊ねた。『お孃さん、あの召使ひの持つて來た笥の中には何が入つてゐるのですか。』孃『紅柿を持つて來たのです、妾がそれを食べると、嫌な氣持になつて氣絶して了つたのです。』怡は街上で粉鬼を見た由を告げて、邪氣を拂ふ藥を與へたので全く快復した。お孃さんと云ふのは、左議政權擘の第四女であつた。擘は怡の剛勇に感じて婚約を結ばうと思ひ、卜者に占はせた。一人の卜者は、是の人は貴人となるが、惜しいことには横死を免かれないから止めたら可からうと占つた。他の卜者に娘の運命を占はせたところ、是の人は短命であつて必ず良人より先きに死ぬであらう、其の福は共に享けるが、禍は見まいから、婚約を結んだ方が可からうと占つた。擥は後說に從つて婚約を結んだ。其の後ち、怡は十七歲で武科に登り、李施愛を討ち、建州の賊を平げ、一等の軍功によつて兵曹判書に擢用された。怡が北征の時の詩に、

白頭山石磨刀盡　豆滿江波飮馬無
男兒二十未平國　後世誰稱大丈夫。

と云ふ詠がある。睿宗の朝に奸臣柳子光は南怡の才能を猜忌し、同詩中の平國の平字を得字に改竄し、謀反を圖るものであると讒誣して殺した。時に怡は二十八歲であつた。其の妻なる擥の娘は、卜者の識した通り數年前に此の世を去つた。

鴨脚興廢

巷間の俗謠には、縱令卑しい子供の唄ふことでも往々符驗《しるし》のあるものである。昔、順興府の東に鴨脚樹（銀杏樹）があつた。それは數百年を經たと思はるゝ古木であつ

たが、どうしたことか端宗の癸甲の年に、突然枯死した。すると間もなく、錦城大君(瑜)が此の邑に來て司配され、南中人士と與に魯山を謀殺しようとした事が發覺して捕へられ、順興府は廢墟となつて了つた。當時の居民の謠に、

鴨脚復生順興復　順興復魯山復位

と言ひ囃してゐたが、果せる哉其の後ち二百三十餘年にして、忽然府東に鴨脚樹が生長し、久しからずして本邑も復舊し、端宗の位號も追復することゝなつた。

笑春風（永興の名妓）

成宗大王が群臣に賜宴せし時に、永興の名妓笑春風が酒間を斡旋した。笑春風は金杯を捧げて領相の前に坐り、領相を敬慕した歌を唄つた。時の武臣として高祿を食んでゐた兵判は、次には屹度乃公の傍に來て頌歌を唄ふであらうと心に待つてゐた。ところが案に相違して、笑妓は吏判に杯を指し、博古通今の明哲の君子を捨てゝ、なぜ

か無知なる武夫を取つたと歌つた。兵判は不機嫌な顔をして憾意を含んでゐた。春風は如才なく兵判の前に膝を向き合はせて、『今のは冗談ですよ、文武一體ですもの、武人だからとて妾は御意に従はないことはありませんよ。』と嬌笑したので、吏判は笑ひながら、『それでは私を捨てる氣か』と戯れた。春風は容姿を斂めて、兵判と吏判とに酌をしながら『齊は大國で御座いませう、楚も亦大國で御座いませう、小々たる滕國は齊楚の間に挾まつてゐます、どちらに事へ、どちらを否みませう、齊に事へ、楚に事へるのが好事でありますと語つたので、一座の者は皆な春風の才を稱賛した。之れより春風の名は國中に響き渡つた。

琮沈橋（許琮の落馬負傷せし橋）

成宗大王の即位の初に、王妃の韓氏がなくなられた。後宮の尹氏は元子（燕山）を生んだので、尹氏を冊立して王妃とした。尹氏は嫉妬心深く、宮中の諸嬪を憎んで、大王の前で拗て我儘に振舞つた。大王は激怒して廢黜した上に死を命ずべく、諸臣を殿廷に召して會議を開くこととなつた。大王の怒りが强かつたので、諸臣中誰れも諫止するものはなかつた。領議政許琮は其の朝會議に赴く途中、ふと姉の家を訪づれた。姉は許琮に向つて、民家の老僕が、主人の命令だからとて主婦を殺したら、他日主婦の子に事へる時に禍が起らないで濟まうかと告げたので、許琮は悟る所あつて辭し去り、石橋を渡る時に、故意に落馬して足を負傷した。それを理由として此の會議には列しなかつた。其の後ち成宗世を去られて燕山が卽位した。燕山は母の復讐の爲めに、當時會議に列した諸臣を悉く殺戮した。獨り許琮は列席せざる故を以て禍を免かれたので、後人は許公の落馬した橋を琮沈橋と名けた。今も社稷洞にある石橋がそれである。

轉禍爲福

成宗の朝に、妃を廢し、毒殺を命ぜられし時、入直承旨柳洵は、その毒藥を盛つて服《の》ませる役に當つたが、其の朝、抱川の郷里から急報が來て、夫人が虎に攫はれたから至急歸郷するようにとのことに、洵は其旨を奏達して抱川に急行した。毒藥を盛る役は、同僚の李世佐が代行した。洵は抱川に着いて見ると、果して夫人は虎に攫はれたが、虎の背に負はれた夫人は、途中で樹に攀ぢ登つて危難を脱することを得たので、洵は喜んで歸任した。其の後ち燕山の世となつて、世佐父子は殺戮されたが、洵は禍を免かれ、中宗の朝に入閣して大臣となつた。

鵲巢賜第

成宗大王が曾て微行せられた時に、鵲の巢のある樹を斫つて門前に植付けてゐる者があるので、怪しんで其の故を問ふと、其者は、門前の樹に鵲が巢を造れば必ず及第すると云ふ俗説があるが、自分の門前には樹木が無いから、代りに此の樹を植えて及第しようと思ふのですと對へた。成宗は宮廷に還御されると鵲巢樹と云ふ題を科せられ、第を賜ふ旨仰せ出された。

田歸主福歸佛（田は主に歸し福は佛に歸す）

昔、一人の豪農が多くの田地を佛寺に喜施した。然るに其の子孫は貧寒に零落したので、田地の返還を佛寺に要求した。寺僧は容易に承知しないので遂に訴訟沙汰となつたが、却々解決が付かないので主上に奏聞した。それは成宗の朝であつた。成宗大王は親ら裁判されて曰ふには、『佛に田地を納めたのは福を求めんが爲めである、然るに佛は不靈にして子孫を貧賤にした。田地は元の主人に返へし、福は佛に返へすべきものである。』と仰せられた。

錄事子相公婿（錄事の子相公の婿）

尹孝孫は成宗朝の名臣であるが、幼時父の處寛は議政府の錄事を勤めてゐた。處寛は公用を以て早曉相公の門に刺を通じたが、門番は、まだ寢て居られるからと拒んだ。父は日暮に元氣なく歸つて來て、孝孫を膝下に招き、父は不才の爲めに斯の如き侮辱を受けた。汝は須らく業に勵まなければならぬと戒めた。孝孫は名刺の下尾に一絶の詩を書した。その詩は

相國酣眠日正高　門前刺紙已生毛
夢中若見周元聖　須問當年吐握勞

と云ふのであつた。父はそれとも氣付かずに、翌朝またその名刺を通じて面會を求めた。相公は其詩を見て直ぐに引見して、是れは一體誰れの所題かと訊ねた。處寛は驚懼失措して其の字畫を審視するに、正しく吾兒の書いたものに相違ないので、昨日來の事實を僞りなく述べた。相公は早速孝孫を召見すると、穎悟にして不凡なので、頗る氣に入つて自分の娘の婿に選んだ。相公は卽ち朴元章である。

見其子放其父（其の子を見て其の父を放つ）

成宗が曾て慶會樓の池邊に親しく雨を禱られた時、何處からか樂聲が洩れて聞ゆるので、侍臣に訊ねられた。侍臣は仕方なしに、房主監察の禮宴を行つてゐる旨を對へた。成宗は大に怒られて、『天、雨《あめふ》らざれば作物は絶望なるが故に、予は膳を減じ樂みを撤し、裸體となつて一生懸命に禱つてゐるに、食祿の輩が敢て樂を張り娯み遊ぶとは何事である。』と叱責され、直ちに其の者共を牢獄に投せよと命せられた。宴に列した十三人は不意に下獄されたので、其の子弟達は各自驅け付けて陳疏乞哀したが、大王は益々怒りを增し、渠輩は無狀なるが故に罪せられたのである、其の子弟が冒疏するとは愈々以て憎き奴である、其の子弟等も盡く執らへて牢に打ち込めと達せられたので、子弟等は命から〴〵逃げ去つた。然るに一人の少年だけは逃げ去らうともせず執らへられるが儘に囚はれた。それは房主監察の子であつた。大王は少年を睨めて、

『お前は小供の癖に何故立去らなかつたか。』少年『父を救ひたい爲めに上章しようと思つたからです、私は罪を受けましても逃げ去られません。』大王『この疏狀は誰れが作つたのか。』少年『私で御座います。』大王『誰れが書いたのか。』少年『やはり私で御座います。』大王『お前は幾歲か。』少年『十三歲です。』大王『眞個《ほんと》にお前が作り、お前が書いたのか、若し僞りを申述べると死刑に處すぞ。』少年『決して嘘は申しません、お疑がはしければ試めして御覧なさい。』そこで大王は憫旱の賦を作つて見よと命じた。少年は立どころに書き上げた。賦の末に、昔、東海の寡婦尙ほ三年の旱を致せり、聖上は此れを軫念あらせられ、成陽千里の雨を致すに難からず、と云ふ句があつた。大王は不思議に思はれて、お前の父は誰れかと訊ねられた。少年は、房主監察金世愚で御座いますと對へた。大王は重ねて、『お前の名は何と云ふか。』と問はれた。虬と申しますと少年は對へた。大王は卽座に御筆を取つて、『爾ぢは能文にして又能書である、爾ぢの文を見て爾ぢの父を放ち、爾ぢの書を見て爾ぢの父の同僚を放つ、爾ぢの孝を忠に移すべし。』と認められ、中官に命じて禁府に往かしめ盡く釋放した。其の後ち虬は司馬に中り、明宗の朝に登第して判尹の官を得た。

八鼈現夢

縣令李公麟は慶州の人で醉琴軒朴彭年の女を娶つて妻とした。合巹の夜の夢に、八人の老翁が公麟の許を訪ねて拜請して曰ふには、私共は今將さに殺されようとしてゐます、若し此の危難を救つて下さるなれば屹度厚く報ゐますとのことに、公麟は驚いて臥戸を出で探つたところが、料理人が八鼈の御馳走を調理しようとする所なので、卽時に江流に放してやることにした。放してやる時に一匹の鼈は、のこ〳〵と他方へ這ひ出したので、召使ひが捕まへようとして誤つて其の頸を斷ち落して了つた。其夜の夢に、七人の老翁が訪ねて來て拜謝した。其の後ち、公麟は八人の子を生んだが、祥瑞を記念する爲めに、子供の名前を鼈、龜、鼇、鼉、黿、鰮、鯤、龍。と名けた。何れも才名有つたが、就中、鼈は文章行儀最も世人の推仰する所であつたが、惜しいかな燕山朝の士禍に死んだ。夢の驗が著しいので、今日に至るも其の子孫は鼈を食はないとのことである。

三林一枝

尹弼商は成宗の朝の相臣であるが、少き時に北京に赴き、善卜者に遇つて占つた。一生の吉凶は必ずしも卜者の言ふ通りではなかつたが、末句に、『日落三林下、永別一枝春』と云ふ語意を解することが出來ずにゐたが、燕山朝の甲子に、成廟朝の廢妃の時の會議に列した廉で珍島に竄居する身となつた。一夕隣家の主人が耕耘の手傳の爲めに明朝上林に來會して貰ひたいと觸れ廻つた。尹公はふと胸に浮ぶことがあつて、上林とは何の事かと訊ねた。主人の曰ふには、此處から五里ほど隔てた處に、上林、中林、下林と云ふ地名があるとのことに、尹公は始めて三林の意味が解つて嗟嘆して止まなかつた。すると傍らに髮を梳れる一妓があつたので、何の氣なしに其の名を問ふと、一枝春と云ふものだとのことに、尹公は愈々不思議の感に打たれ、屋を仰いで憮然としてゐた。是の日に、廢妃に藥を盛るべき役の曾孫（釜）が京に赴いて占つて貰つたら、末句に、『一官雙印綬、魂斷白雲中』とあつたが、其の後ち、江原の監司に任ぜられ、兵使を兼ねて兩印を佩びたが、遂に監營で歿した。監營は原州白雲山の北に當つてゐる。

猫活猪頭（猫、豬頭を活かす）

張順孫は星州の人であるが、容貌が猪に似てゐるので、同僚の儕輩は猪頭と嘲けつた。燕山君は星州の一妓を殊の外寵愛してゐたが、或日猪頭を献上せる者があつたので、寵妓は思はず笑つた。燕山は其の故を訊ねると、星州に張猪頭と綽名《あだな》されるものがあるので、思はず晒つたのだと答へた。すると燕山は嚇怒して、畢竟それは汝の愛夫であらうと邪推して、禁府に命じて猪頭なるものを捉へ來れと言ひ渡した。そんなことゝは知らぬ順孫は、晝飯を食つてゐるところを拿捕された。拘引される途中、咸昌の公儉池の邊りまで來ると、一匹の猫が飛び出して岐路を越え去つた。順孫は役人に向つて、『私は平常科擧に赴く際に、猫が走り去る路を行く時は必ず適中するが、今も亦猫が岐路を越えて去つたから、岐路から行きませうと願つた。役人も之を許して聞慶縣まで行くと、宣傳官は斬首の命令を奉じて正路を過ぎ去つた所だと云ふので、一行は其處で待ち合はしてゐると、宣傳官の還らぬ前に、燕山君は廢せられたとの報導が先着したので、順孫は刑に處せられずに濟んだ。順孫は其の後ち中宗の朝に入閣した。

聞哭知奸（哭を聞いて奸を知る）

中宗の朝に、武人出身の朴英は金海府使として衙軒に在任してゐたが、東隣の女の哭聲を聞いて、刑吏を差向けて捕縛させた。やがて訊問所に引出して、お前は何故にさう哭泣するのかと訊いた。哭女は、吾が夫が俄かに死にました故と答へた。朴英は一層聲荒らげて詰問した。哭女は、私の夫婦は睦ましく同居してゐることは誰れも知らぬものはありませんと答辯した。朴英は刑吏に命じて、その死骸を持運ばせた。死體を檢するに變死の痕跡が無い。哭女はこの態を見て一層哭聲を張上げ、天は妾の情を知れるに、係官はなぜこんな慘たらしいことをするのです、と哀訴した。朴英は介意はず、軍校の膂力あるものに其の死體を仰臥せしめ、力一杯に胸部から腹部にかけて按摩させた。すると臍の中から鋭利な竹針が現はれた。そこで哭女を拷問すると、包み切れないで、姦夫と共謀して、夫の醉臥してゐる隙を覗つてこの兇行に及んだことを白狀した。刑吏も不思議に思つて、朴公はどうしてその詐りであることを知つたかと訊ねた。朴英の曰ふのに、初め哭聲を聞いた時に、少しも悲しい樣子がなかつたから、疑つて捕縛したのである。また檢屍の際に、哭泣しながらも實は恐怖の色が見えたから曲事ありと知つたのであると。

南山放糞詩

中宗の朝に、領議政金安老と兵曹判書李沆と賛成蔡無擇とが朝廷を濁亂し、忠良を殺害したので、國人呼んで三凶と稱した。是の時に、何人であるか鐘樓に謗書を貼り、三人の罪を鳴らし、『無擇の擇の字は主上の御諱字鐸と書き、李沆の沆字は抗と書いた。それは皆君王を蔑にする辭であつた。時人は之を沈貞の子思順の所爲であると噂した。思順はその時旣に承旨の官を罷めて家にゐたが、捕へられて牢獄に繫がれた。家宅搜索を行ひ、書籍を押收して筆跡を照合してゐたが、書冊の中に、『南山放糞の詩』と題する句に、

一聲雷雨掀天地　香滿長安百萬家

と云ふのがあつた。主上は御覽になつて殊の外氣色を惡くせられ、爲めに思順は嚴重

に審問され、長く獄中にゐたので遂に死んだ。

恠哉扇書

燕山君の朝に、奸臣柳子光は士類を構害すること甚しかつたので、士林は切齒してゐた。中宗反正の後に、又密計の首謀者となつたが、或日、子光は都摠管として政廳に入り、袖の中より扇子を出して開いたかと思ふと、勃然色を作して左右に向ひ、『奇怪至極のことがあるものかな、此の扇子に何人が斯樣な惡戲書きをしたか。』とプンプン怒つた。扇面には『奇禍立致』の四字が美事な手蹟で書いてあつた。子光は再三扇面を指して『吾れは登廳の際に始めて此の扇を篋中から取出して、手から離したことがないのに、一體これは何人が書いたのか、不思議も不思議も大不思議に堪えない』と嘆じてゐた、と其の言未だ訖らざるに、臺諫よりの命令で捕手に向つたと云ひつゝ子光を縛した。子光は關東に竄死し、其子の軫と房とは北海に竄死した。

花應羞上老人頭（花、老人の頭に上るを羞づ）

中宗の戊戌の年に、中華の使臣を饗宴したことがある。其折に、中華の使臣は花を簪にしたが、主上は忘れてゐた。使臣はその故を主上に問はれた。主上は倉卒に對ふべき辭を知らなかつた。すると通譯の李和宗が口を添へて、『花は應さに老人の頭に上るを羞ぢたからであります、老人の頭なるが故に戴くことが出來ないのです。』と頓智よく答へたので、中華の使臣は大喜びであつた。後で主上は厚く李和宗を賞した。

蜜◎　栢◎

中宗の朝に鄭順鵬が青松府使として在任してゐた時に、吏判が書狀を寄せて、蜜と栢とを送つて呉れと頼んで來た。すると順鵬の答書に、『栢は高峯の頂上に在り、蜜は民間の蜂桶に在り、太守の官を以て、峯の頂上や、民間に捜し求めることが出來ようか。』とあつた。

今夕飯數匙加給（今夕の飯は數匙を加給せん）

燕山朝に士禍大に起りし時、李姓の人で校理の職に在りしものが亡命したが、實城池と云ふ所で息も絶え〳〵になり、渇し切つて水を求むること急であつたが、幸ひ川邊に水を汲める一人の女がゐたので、飲を求めた。其の女は匏に水を盛り、柳の葉を摘み取つて水に浮べて供給して呉れたので、奇怪《おか》しなことをする女だと思つて其のわけを問ひ訊すと、其の女は、ひどく渇いた時に急に水を飲むと身體に障りますから、少しづゝ召上がるやうに柳の葉に浸して差上げたのですと言はれたので、柳校理は驚歎して、貴娘は何誰の娘さんかと訊いた。女は越邊の柳匠の娘だと云ふので、其家に隨いて往つて婿となつた。李校理は山家の婿とはなつたものゝ、京華貴客の身を以て柳器織造の出來る筈はないので、毎日々々晝寢をして暮した。柳匠夫婦は怒り罵り、俺《わし》が婿を貰つたのは柳器製造の手助けにしようと思つたからだ、それだのに朝晩飯ばかり喰つて、晝夜寢通しでは何の役にも立たない、寢てばかりゐて仕事をしないのなら飯を半減にするとて少量の飯を與へることにした。妻は氣の毒に思つて。毎々鍋底の焦げた飯を加饋した。斯うして二三年は過ぎたが、中宗は改革を行ひ、朝政一新したので、曩に罪を得た諸臣を赦すことゝなつた。李校理も復職することになり、八道に令して其の行衛を探ねてゐると云ふ評判を風の便りに聞いたので、舅翁に向つて、今度柳器を納める時は私が持ち運ぶと告げた。翁は耳にもかけず、お前のような東西をも知らぬ渴睡漢が官門に納入することが出來るものか、自分が納めに行つてさへ不良品として斥《はね》られることが度々あるのに、お前なぞではとても駄目だと許さなかつたが、妻が勸めるので試みに許した。李校理は柳器を背負つて官廷に入り、某處の柳器匠が納品の爲めに待つてゐると高聲に呼ばつた。檢査官は素と李と親善な間柄の武弁であつたが、柳匠の姿を見て吃驚し、手を執つて上座に据えて曰ふには、何處に跡を晦まされてゐたか、朝廷で捜索すること已に久しいと、酒饌を進めた。李も喜んで、罪を得て以來柳器匠の家に隱れてゐた。命《いのち》は延ばし得たが、復た天日を見ようとは意はなかつた。檢査官は早速李の所在を巡營に報じ、李には直ぐに上京するやうに勸めた。李は首肯きながらも、柳匠の家には三年も厄介になつたことだし、糟糠の情けもあることだから、兎に角一度歸つて告別したいと思ふから、明朝更めて訪ねては呉れまいかと、約して去つた。李は上機嫌で家に戻り、柳器は無事に上納した由を翁に話した。翁は案外だつたと云ふやうな顏容をして、古語にも鴟も一年を老ゆれば一雉を摶つと云ふが吾が婿にも人の爲ることは出來ると見える、其の働きにより、今夕の飯は數匙を加給しよう、と笑つた。李は翌朝早起して、門庭の掃除を始めたので、翁は愈々不思議がつて、吾が婿は昨日は柳器を無事に納め、今朝は又庭掃除をするとは、何だか日が西から出さうだと揶揄した。李は耳にも掛けないで、藁蓆を庭に舗《し》き初めたので翁は氣でも狂つたのではなからうかと詰問した。李は左あらぬ體で、今朝は本府の役人が大勢來られる筈だから、それで席の準備をするのですと言つた。翁は冷笑して、お前は夢でも見てゐるのだらう、本府の役人が當家に來る?……馬鹿も休み〳〵言ふが可い、こりやあ何だな、お前は昨日柳器を納めて來たと云ふが、さうじやあるまい、路上に棄てゝ來たのだらう、この噓つき婧め……と云つてゐる中に、本府の役人が威儀を整へて徐々柳家へ入つて來た。柳匠夫婦は蒼くなつて驚き、垣根の間に逃げ込んで了つた。本府の役人は恭しく李に挨拶し、嫁御はどちらにおいでですと訊ねた。李は妻を紹介した。衣裳は藍縷であるが、儀容は甚だ閑雅であつて、尋常賤家の女子のやうではなかつた。本官は叮嚀に口葉を添へ、李學士は窮境に在つたが、幸ひにあなたの力で今日あるを得たのです、誠に男子も及ばぬ健氣なお心掛けですと賞讃《ほめそや》した。妻女は身裝を正して、賤しい村婦風情が君子の巾櫛に侍べるとは勿體ないことです、斯樣な貴い御身分のお方とは存ぜず、無禮に打過ぎました段々は平に御用捨下さいませ、今日皆々樣方がこの見苦しき茅屋へお越し下さいましたことは、身に取り榮耀此上も御座いません、と慇懃に謝辭を述べた。役人達は柳匠を招いて酒肴を饋り、厚き言葉を懸けられた。近隣のものは言ふに及ばず、この事を聞き傳へた隣邑の守令まで絡繹として來見し、柳匠家の門前は觀光者で時ならぬ賑ひを呈した。李は本官に向つて、我が妻は賤しき家の娘なれども、既に夫婦情交を契つたものであるから、今遽かに棄て去ることは出來ないから、どうか妻の轎を一つ借りたいと話した。萬端滯りなく運んで、李夫婦は京洛に上つた。主上は流離の顚末を問はせられ、妻女の心懸けに感じ入り、斯る女子を賤妾として待つは宜しくないから、特に陞して正夫人となすべしと仰せられた。李は其の女と偕老の契りを遂げ、榮貴の身の上となり、多くの子女を生んだ。李と稱せし人は卽ち判書の長坤である。

三馬太守

中宗朝の淸白吏宋欽は、命を帶びて赴任する際には、必ず新たに三頭の馬を買入れるのを例とした。その一頭には自分が乘り、他の二頭には、母と妻とが乘るのであつた。故に時人は宋欽を呼んで三馬太守と謂つた。

白魚貪餌

明宗朝の奸臣尹元衡は、勢を挾み權を弄して士林を戕害し、人民を侵虐したので、寃死した者は百千數へ切れないほどあつた。尹の妾の蘭貞は施し惠んで善因を作り、この災を[illegible]はうと思つて、毎年二三回宛、數斛の白飯を豆毛浦の江中に投げ入れては魚の餌とした。乙丑年間に、浦邊の漁夫が一尾の白魚を漁獲したが、大さは船體ほどあつた。餘り珍らしいので之を朝廷に献上して、これは何か國家の異變の兆ではなからうかと申上げた。すると一人の太學生が、此の白魚は、尹相公の餌を貪り取つて、海から江に流されて來て死んだのだ。元衡の衡字は、行に從ひ魚に從つてゐる。是れは元衡の死兆であると言つたが、果して其の年に元衡は死んだ。

松◎都◎三◎絕◎

眞娘は、開城の盲女の生める娘であつたが、性來勝氣で男のやうであつた。平素琴歌を能くし、常に山水の間に傲遊してゐたが、時の道學者花潭先生と、知足老禪とが、肉慾生活を離れた道通者として名高いと聞いて、眞娘は之を試さうと思つた。そこで或日禪寺を訪づれ知足禪師に面會して、妾は平生男女の淫慾を斷ち、山水の樂に耽けつてゐるものですが、名勝の地を遍歷中、偶々此の地に來て殊の外風景が氣に入りましたので、數日間泊めて頂きたいと思ひますが、禪師は苦行高節の道通者と聞きましたから、同室に寢かして頂いても差支へないでせうから、どうかお許しを願ひますと鐵面皮《あつかま》しく賴み込んだ。知足は一向氣にも止めずに許した。眞娘は夕飯を濟ました後で、お先きに臥寢《やす》ませて頂きますと云つて寢床に入つた。睡た振をして偸み看るが、知足は壁に向つて趺坐して少しも念を動かす氣配がない。三四日過ぎた或る夜、それ

は清らかな月の光りが隈なく室を照らす美しい夜であつた。眞娘は月光を浴びながら

つた。眞娘は知足を意の儘に飜弄したので、時の諸僧は、知足の破禪を齒痒く思つて妄釋と嘲けつた。今日俗間で、四月八日に妄釋の芝居を演ずるのはこの事を仕組んだのである。眞娘は又、花潭先生を試さうと思つて、琴を携へ酒を用意して訪れた。先

生は欣んで接見し、日となく夜となく同室で話し續け、嫌がる樣子もなかつたが、枕席の事には少しも念慮を動かさなかつた。眞娘は心の中で、花潭先生は乾度　が枯死してゐるのだらうと疑つて、或る夜、窃かに寢息を覗ひ、

終に淫らがましい行動がなかつたので、眞娘は心から敬服して、知足老禪は三十年も面壁に工夫したが、遂に女に懷柔された。先生は僅かに一年の修養で心を亂さない、眞に是れ聖人であると感歎しながら、松都に三絶がありますが御承知ですかと訊ねた。先生は解《げ》し兼ねた顏をして。それは何の事かと反問した。眞娘は眞顏になつて、それは朴淵の瀑布と、先生と、妾とでありますと謂つた。

爲主復讐

明宗朝の乙巳の士禍に、判書鄭順朋は相臣灌柳を構殺してから、勳功を以て灌の所

有物を自己の所有とした上に、家族や奴婢を鄭家の召使とした。その召使の中に、灌家に使はれてゐた甲と云ふ女中がゐた。甲は十四歳の少女であつたが、秀でゝ悧巧者なので鄭家では大層情けを懸けてやつた。甲もまたよく主人の心を酌んで甲斐々々しく立働いた。そして舊主人を惡く言ひ觸らし、舊主人は自分を虐待した、自分は之れに報復しなければ氣が濟まないと罵るので、一層新主人の信用を增して行つた。或日甲は大切な寶物を匿した。鄭は甲を詰問したが、甲は空涙《そらなみだ》を滴《こぼ》し、妾が此家に來てからと云ふものは、衣服は主人より頂戴し、食物は主人より給せられ、恩遇此上もない身の上でありながら、何を苦しんで物盗みなど致しませうと、眞實《まこと》しやかに辯疏した鄭の疑は晴れなかつたが、姑らく釋すことゝした。甲は共謀者の小奴に向つて、主人は、寶物の所在が判明しなければお前も訴へると云つてゐたと脅した。小奴は慄えて、どうすれば可からうと相談した。甲は、妾に好い考があるから、お前は此頃死んだものゝ支體を求めて來なさいと命じた。小奴は、早速馳け出して行つて、疫病で死んだばかりの一本の腕を斫り取つて持歸つた。甲は窃かに鄭の枕の中へ、その斫り立ての腕をそつと納れて置いた。すると間もなく、鄭は疫病に取付かれて死いで了つた。家人は目覺めてから之を知り、誰れの所業かと立騒いだ。甲は臆した色もなく罵つて曰ふに、爾ぢは吾が主を殺したから、吾れは爾ぢを殺して吾が主の讐を報じたのである。讐を報ゐればもう恨みはないと自殺して了つた。

獸畜賜姓

高麗の太祖が三韓を統合した後ち、百濟の人民は屢々驚擾を起したので、太祖は怒つて百濟の王族に獸畜の名を姓氏とすることにして辱しめた。我が朝鮮の尙政丞震の祖先は象の姓を得たのであるが、後に象を尙と改めたのである。

鐵冠（釜の冠り）

李菡之は、號を土亭と云ひ、韓山の人であるが、異常の風格を具へ、行狀は孝友を重んじ、學問は敬を主とし、理を窮め、百家の諸術に通曉しないものはなかつた。曾て保寧の郷里から上京せる途中、食はざるも飢えず、雪の上に臥寢するも寒さを覺えず、一葉の舟に大きな瓢簞を繋ぎ、濟州に三たび往復し、國內の山川は知らぬものはない。旅行には常に鐵冠を着け、竹杖を携へてゐた。冠を脫いでは飯を炊き、飯が濟めばまた洗つて冠りとした。或時、非常に疲れたので、兩手で竹杖に縋り、體を屈め、頭を低くし、兩足を兩方へ投出し、路傍で立ち睡りをしてゐた。偶々牛馬が觸れても、牛馬の方が驚いて退却して了つた。明宗の朝に、在野の遺賢として薦められ、牙山に長官となつてゐた時、流民を愍れんで巨室を作つて宿らしめ、各自に手藝を仕込み、無能のものに藁鞋を作らして食費を得せしめた。間もなく辭して家に歸り、常に土の上に坐つて、人を見れば叱るやうに、十年後には必ず大亂があると言つたが、果して壬辱に兵亂が起つた。

太宗雨

朝鮮開國二十一年壬寅五月十日に、太宗大王は薨去せられた。薨去に臨み、大王は旱炎を太く憂慮せられ、『死若し知る有なれば、是の日に雨を降らせ給へ』と禱つた。其の後ち、二百餘年にもなるが、毎年大王の忌辰には必ず雨が降つたので、その日の雨を太宗の雨と云ふに至つた。然るに宣祖朝の辛卯の年に限り、どうしたものか、雨が降らなかつたので、識者は豫め壬辰の兵亂を心配してゐた。

甲山鬼妖

宣廟の癸未十一月に、甲山に鬼が現はれた。巨齒蓬髮、左手に瓢簞を持ち、右手に火の玉を握り、凄まじき形相で橫行した。邑中では軍隊を出動させ、鼓を擊ち、弓を彎《ひ》いて追拂つたけれども退去しない。丁度時の朝臣許對が是の邑に竄居してゐたので、遂厲の文を作つて追拂つた。守庵朴之華が之を聞いて、十年を出でずして國家の大亂が起る、それは南より北に向つてであると云つた。

白岳夜叉

宣廟朝の辛卯の冬に、承旨李恒福が退朝の歸りに、門番が急遽《あは》たゞしく奔つて來て『襤褸の衣服を纏ひ、狀貌凶獰なる怪しき一人の男が、頻りに面會を求めて聞入れません。』と告げた。恒福は急に衣冠を整へ、面會して見ると、弊笠《ぼろがさ》を被《かぶ》り、破れ靴を穿き、汚い衣服を身に着け、狹い袴を股の邊に捲き付け、面貌は盤大にして身の丈けは一尺五寸、腥い臭いが鼻を刺すと云ふ怪物のやうな怪しき男で、眞赤な口を開き、何やらべちや〳〵喋舌《しやべ》つて出て行つた。隣家で聞いてゐた鰲山君が驚いて理由を訊ねたら、恒福は心配さうな顔をして、彼れは白岳の夜叉だと自稱し、明年大亂が起らうとしてゐるのに、誰れも心配してゐるものがないから、痛心に堪えないで我れに告げに來たのだと語つた。

血巖

雲峰の八良峙に血巖と云ふがある。それは太祖大王が日本兵を勦滅した地である。石上の斑血は今に至るも尚生《なま》々しい。壬辰の年に、この血が流れ出したが、程なく倭冦の大亂が起つた。

石將軍

平壤の西三十里ばかりの地に釜山峴と云ふ所がある。西に向つて下つて行く大路である。釜山峴の左の丘に石像の人が立つてゐる。何れの代に何の爲めに立てたものか分らないが、居民は石將軍と稱してゐる。壬辰の春に、この石將軍の像から出血して釜山峴まで流れて止まつた。其の後に、賊（倭冦）は平壤に據つたが釜山峴を踰えることが出來なかつた。秘讖に、賊は釜山に起り釜山に止むと云つたのは卽ち之れが應驗をなしたのである。

金蟾（咸興の妓）

咸興の妓、金蟾は宋象賢の妾であつた。宣廟の壬辰の年に、象賢は東萊の府使として在任してゐた時に、倭賊が押寄せて來たので、軍民を率ゐて南門で喰ひ止めやうと奮戰したが、城は今にも危く見えたので、扇面に遺書を認め、下僕に命じて父の許に送らせた。遺書には、『孤城月暈、列鎭高枕、君臣義重、父子恩輕』と認めてあつた。認め終ると、急いで朝衣を取り去り、甲冑を身に着け、端坐して動かなかつた。敵酋の平調益は、曾て通信使に隨行して往來した時、象賢の欵待を受けたものなので、象賢を見て吃驚して、城傍の隙地に避けよと勸めたが、象賢は應じなかつたので、賊に害殺された。愛妾の金蟾は象賢と同じく官衙の內にゐたが、象賢が朝衣を取り去るのを見て、節に死するのだと悟り、象賢の傍に侍して同時に殺害された。倭賊は之を憐れんで、棺を共にして合葬した。象賢には又他に一妾があつた。李姓を名乘る美女であつたが、象賢が害に遭ふ一日前に京城に出向ひたが、途中で釜山が陷落したと聞いて、象賢の身の上を案じ、妾も亦所夫《おつと》の傍で死なうと慟いて、東萊に返らうとしたが、萬金と呼べる女中と共に捕虜となり、海を渡つて日本に引連れられて行つた。秀吉は李女を口說いて妾としようとしたが、李女は死を以て飽まで拒んだので、秀吉も貞節に感じ、思ひ止つて、代りに前關白源氏の女を別院に圍つた。兵亂が終つた後ちに、李女は節を汚がさないで鄕里に歸ることを得た。

愛香

宣廟の朝の壬辰に、鄭撥は釜山の僉使に任命された。其頃から邊備の警戒が頻りに傳へられた。赴任の際、鄭の母は涙ながらに勵まして、『お前を官途に就かしたのは親を養つて貰ふ爲めであつたけれども、國事の爲めには死ななければならない。お前が忠臣となつて死ねば、この母は何の思ひ殘ずことはない。』と云つて別れた。いよいよ壬辰の亂が起つた時、鄭は望海樓で一夕の宴を開いた。酒が酣になつた頃、鄭はその子の昕を膝下に寄せて、『今宵の宴はお前と訣別の酒盛りだ、お前は鄕に歸つて、私の母とお前の母とに孝養を盡さなければならない。』と懇諭したが、昕は號泣して立去らうとしないので、鄭は聲を厲ましてやつと歸へさせた。引違ひに賊兵は鄭の居城を取圍んだ。鄭は倚劍樓に登つて軍民を指揮し、勇を奮つて禦いだが、城は遂に陷り、鄭は戰死した。其の妾の愛香と云ふのは、芳紀正に十八の艶麗な佳女であつたが、鄭の傍で泣きながら自害した。其の召使ひの龍月も亦枕を竝べて自殺した。

孝鬼投橘

李慶琉は順安の郡守の慶瑨の弟であつたが、壬辰の亂の時に、助防將の邊璣は、慶璿を從事官に採用して引連れて行かうとした。ところが啓請の際に、慶琉と誤書した爲めに、弟の慶琉が從事官となつて慶尙右道に出戰することゝなつた。交戰中に邊璣は敗死したので、慶琉は馬を飛ばして巡邊使の李鎰の陣に赴いたが、尙州敗陣の時に戰死した。その時は二十歲であつた。兄の慶璿は順安の官宅に用もなく坐つてゐると、忽然空中から『兄さん、兄さん、僕ですよ。』と云ふ聲がするので、ひよいと見ると、それは弟の慶琉であつた。慶璿は吃驚して、『何處から來たのか』と訊ねた。慶琉は蚊細い聲で、『兄さん、僕は戰死したのです、早く兄さんを訪ねようと思つたが、兵威が盛んであつた爲めに近づくことが出來なかつたのです。』とのことに、兄の慶璿は暗淚に咽せびながら階上の軍旗を撤去した。すると其日から、慶琉は毎日々々往つたり來たりするやうになり、日が暮れると訪づれ、鷄が鳴く頃になると歸つて去《い》つた。或日兄の妻が、遺骸は何處に在るのですと、泣いて問へば、慶琉は愀然として、堆積せる白骨の中に埋まつてゐるから辨別はできません、私の魂魄は極めて安らかですから、改葬するには及びませんと答へた。斯うすること三年の間續いたが、其後はバッタリ姿を見せなくなつた。それから程經て、慶の母が病に臥し、咽喉が渇いて橘の實を非常に欲しがつた。それは丁度六月の頃であつたが、空中から兄の聲がするので、瑢が門まで出て空を見上げると、雲の中から弟の慶琉が三箇の橘を投げて曰ふには、『我國には橘がないから、洞庭湖へ往つて取つて來た、この橘を食べれば病氣は忽ち快復するから母さんに差上げて呉れ』と云つて與へられた。常に忌祭に當れば、何處の家でも橘を食べるのは、早く病氣が快復するからである。

汝頭爲寶（汝の頭が寶）

僧の惟政は松雲と號し、又四溟山人とも稱した。西山大師休靜の高足である。容貌は魁傑にして性質は淡泊であり、度量は至つて曠かつた。內典に通曉し、金剛山の表訓寺に居住してゐたが、壬辰の亂の時に、香山から門徒數千人を率ゐて平壤の行在所に赴き、主上に謁見した。主上は大層悦ばれて、八道禪敎都摠攝の號を賜はつた。休靜は順安の法興寺に屯して八道の寺刹に檄を傳へ、義軍を起した。惟政は僧兵千餘人を募集して官軍を助けたが、接戰することは出來ないので警備の任に當つてゐた。嶺南に陣を留めてゐた時、敵將の清正（加藤清正）が會見を求めて來たので、惟政は單身清正の陣營に赴いた。賊衆は數里の間に列を正し、矢來の如く槍を立てゝ迎へた。惟政は怖るゝ色もなく、從容として清正と會談した。其折に清正が貴國には寶があるかと訊ねた。惟政は無いと答へた。清正は尚も執拗く訊ねるので、惟政は、汝の頭が寶であるとやり返した。すると清正は、それはどういふ理由かと訊くので、『我國の令に、汝の頭を得た者には、金千斤邑萬戸を褒美に出すと云つてゐる、それこそ寶ではないか』と謂つたので、清正はから〳〵と大笑して、善く待遇して送り還した。

神嫗献矢

壬辰の亂に、招討使李廷馣は延安を守備してゐた時に、李濟臣の子が本邑の長官であつたが、母の喪に會ひ歸郷したので官府は急に空虛となつた。一日廷馣は椅子に腰掛けて坐睡りをしてゐると、死んだ筈の濟臣が飛んで來て、『賊が來た、賊が來た。』と告げるので、驚いて目を覺ますと果して賊兵が大勢押寄せて來た。廷公は衆を率ゐて出でゝ禦いだが、矢が盡きて了つたので困惑してゐた。すると一人の老嫗が、柳筒に貯へてあつた矢を献納したので、早速それを用ゐ城を保つことを得た。老嫗と云ふのは何處の何人か分らない。濟臣が死んでから十年にもなるが、その精魄が斯樣に働いたのであらう。古の偉人は其の神凝りて死するとも魂は失せないと云はれた。

取棺作楯（棺を取つて楯となす）

壬辰の亂に、提督李如松は義州に到り、朝鮮の諸臣に向ひ、防牌三千箇を至急用意せよと命令した。是の時には工匠は盡く逃げ去り、木材も亦缺乏してゐたので、直ぐには間に合ひ兼ね、朝廷では頗る當惑してゐた。宣傳官の田潤は、何を思つたか自分に擔任を命じて吳れと申出でた。そして死體を包む布數十疋を準備して十餘人の軍卒を引連れて城外の北郊に出て往つた。軍卒等は、疊々たる墳墓を掘鑿し初めた。田潤は掘り上げた棺槨を壞して手頃の楯板を作り、翌日すつかり献納したので、如松は驚いて、朝鮮にも人有るを知れりと謂つて賞歎した。

知母不知父

壬辰の初に、或人が焦氏易林に占つて貰つた所が、『文巧俗弊。將に大質に反へるべし、僵尸は麻の如く、血は流れて杵を漂はす、人は其母を知り、其父を知らず、然る後に干戈乃ち止むべし。』との卦を得た。何の事かと思つてゐたが、果然亂後に、男丁は殆んど死亡し、子供は生長しても父の顏を知らぬ者が澤山にあつた。一說に、婦女は唐兵に汚されて子を生んだので、父の姓名を知らないのだとも言ひ合つた。

奇遇

提督の李如松が日本軍征討の爲めに平壤に出陣してゐた時、通譯の中で、金姓を名乘る一人の美男子が、男色の寵を得て、晝となく夜となく、李如松は片時も傍を放さず、女子も及ばぬ寵愛を一身に聚め、金譯の言ふことなら何んでも聽かれないものはなかつた。

兵亂も濟んで、李如松は歸國することとなり、金譯を伴れて柳門まで來た時に、遼東都統（明國の武將）が軍糧米に手落ちのあつたことが暴露したので、提督は非常に怒つて軍法會議に附した。都統には三人の子があつて、長子は侍郞、次子は庶吉士、季の子は神僧であつた。三人の息子達は驚いて父を救ふべき善手段を相談した。末子の神僧が曰ふには、『朝鮮の金譯と云ふ人は、提督に大層寵愛されてゐると聞いたから、此の人に賴んだら救ふことが出來るかも知れない』とのことに、三人で金譯を訪づれ、懇々と父の救助を願つた。金譯は快諾して、やがての首尾を待つてゐよと三人を返へした。

金譯は提督に媚を送りながら、遼東都統の命乞ひをした。提督は良《やゝ》久しく考へてゐたが、乃公《わし》は一私人の願ひで公の事を曲げることは嫌ひだが、お前がそれほど切なる願ひであつて見れば聽き入れぬわけには行くまい、お前が居なければ、乃公は生きてゐる張りがないほど可愛いお前の願ひだから、一度だけ聽き納れてやらう、と承知して呉れた。金譯は早速其の趣きを三人に知らしてやつたので、三人は天にも登る心地して喜び、羽毛の衣裳、金銀、玉帛何んでも御望みに從つて此の恩に報ひますと厚く謝した。金譯は、『私の家は元々質素であるから、金銀財寶などは不要《いら》ぬと謝絕した。三人は、『貴方は朝鮮の一通譯ではありますが、上國の命令で朝鮮の大臣に推薦したいと思ひますがどうですかと訊ねた。金譯は、『私の國は名分を尙ぶ國ですから、私のやうな中華人に恩寵を得たものは、中華人の大臣だなどと惡口を言ふものがありませうから、反つて大臣などにはなりたくありませんと辭した。三人は重ねて、『それでは中華國の高位高官に就いては如何です』と勸めた。金譯は頭を振つて、『私の父母が鄕里で待ち詫びてゐますから、私は鄕里に歸るのを一日千秋の思ひで焦れてゐるのです。提督が歸國されたら、私も家に歸ることの出來るのが、何よりの願ひであります。』と拒絕した。三人は途方に暮れて、併し何んとかして此の恩に報ひなければなりません、貴方のお望みはどんな至難なことでも必ず遂げ申しますと、懇々賴むので、金譯は冗談半分に、『願くば天下第一の美人を得たいと思ひます。』と口を切つた。三人はさも當惑さうな顏をして出て去つた。提督は金譯に會見の樣子を聞き。彼等から報酬の話が出たらうが、何を所望したかと訊ねた。金譯は笑つて、天下第一の美人を所望しましたと答へた。すると提督は堅く金譯の手を握り、背中を撫でながら、『お前は小國の人物でありながら、實に立派な言を云つた、偉い、偉い、それで彼等は承知したか。』金譯『承知しました。』提督『ハテ彼等は何處から探して來るかな、皇帝の貴き身にてすら至難のことを……。』と好奇心を以て期待してゐた。

金は提督のお供をして宮城に入ると、三人は喜び迎へて一室に案内した。それは木の香の高い新築の樓閣で、結構壯美、彩色燦爛たる室であつた。三人は恭しく茶を進め、今夜はお歸りにならないで緩りとお遊び下さいと云つて引き退つた。少時すると、室中に高い香薫りが襲ひ、内門から美しく化粧した數十人の美女が、香爐を擎げ、紅帕の箱を捧げ、徐々と進んで來た。金譯は一見して、どれもこれも傾國の美人であると思ひながら起つて立去らうとすると、三人は急遽てゝ袖を引留め、只今のは侍女達でムいます。天下第一の美人はこれから參りますから、どうぞもう暫らくお待ち下さいと云ふ間に、内門をすつかり開け廣げて、蘭麝の香り濃郁たる一美人が、十餘人の侍女に護られて、足取り緩やかに椅子に腰を下した。金譯は一目見て心神恍惚として見惚れて了つた。三人は金譯に拜禮しながら、『今宵枕席のお伽はこの美女がいたします、どうか貴方も打寛いで雲雨の合歡を御自由になさつて下さいまし。』と告げた。金譯は顔を赤めて、『私はたゞ一目見ればそれで可いので、他意はないのであります。』とモヂ／＼してゐるので、三人は吃驚して、何を被仰るのです、吾共は貴方の恩に感じて、貴方が天下第一の美人をとの御所望に、殘る隈なく探し求めたのでムいます、第二第三色は左程の困難もなく手に得られますが、第一色に至つては天子の威望を以てするも至難なことであります。お聞き下さいまし、この美女に就ては一場のお話しが御座います。

去る歳に、私共は雲南王の仇を報ひてやりました。王は其恩に感じて私共の所望するものは何んでも叶へるからとのことで御座いました。其折には私共は何も願はずに聽き放して參りましたが、王の娘さんは眞に天下の第一の美人でありました。曩き頃貴方の御所望を承つて、ふと思ひ出して雲南王の許に走り行き、事情を話しましたら、早速承諾して呉れましたので、貴方が入京の日に間に合ふやうにと、千里の間、三匹の馬を取替へ、銀子數萬兩を費して送り込んだ天下第一の美女であります。雲南は當地から三萬里も隔つた遠方ですが、幸ひ今日貴方のお出でを待ち受けたのでありますから、御覽になつただけでお歸りになるときは、姫君はどんなに落膽なさるでせう、あれは王樣の姫君です、どうして故なく異國の男などに會ひませう、若しお氣に召したらすぐさま合巹《きん》の禮を擧げることにいたしたう御座います。と勸められたので、金譯も心動き、暫時淹留することゝなつた。さて姫の室に入つて同じ臥戸に這入らうとしたが、どうしたのか姫の姿が見えない。心淋しくポツねんとしてゐると、室の外で三人のものが呼ぶので室を出ると、三人はにこ／＼しながら、『合歡のお樂しみはどうで御座いました。お氣に召しましたか。』と訊ねるので、金譯は淋しく笑つてゐた。三人は怪訝な顔をして、大層淋しさうですが、貴方の眼には姫が見えないのでせう、これを喫べて御覽なさいと紅蔘を與へて呉れた。金譯は言はるゝ儘に紅蔘を喫して再び房に入ると、姫の花の姿が、堪らぬほど美しく見えた。金譯は手を握り肩を撫で、惚《とろ》けるやうな心持ちで同寢した。朝になると三人が既に待つてゐて、金譯の御機嫌を伺ひながら、『あの姫をどう御處置なさいますか。』と訊ねた。金譯は、外國の婦人を猥りに伴れて還ることは出來ないし、どうしたものかと思案に暮れてゐた。三人は口を添へて、貴方は幸ひにも奇遇で、天下第一の美女を得たのですから、一度會つた切りで永くお別れするのは忍びないことゝ思ひますが、お伴れになるのも困りませうし、此處に永居も出來ますまいから、私共は貴方にお恩報じの心算で、貴方が譯官として毎年正使に隨行して來られることに取計らひ、丁度牛女の七夕に會ふやうに一年に一度逢ふことにいたしては如何でせう、と計らつてくれた。金譯は其後毎年一回必ず來ては姫に逢ひ、老に至るまで鴛鴦の契りを交はし、澤山の男の子を生んだ。後裔は燕京に繁榮し、仁祖の冊封の時には金譯の孫が勅使に隨行して朝鮮に渡來した。

禹姓跖行

壬辰の亂に、龍宮縣監禹某は、軍を率ゐて兵營に赴く途中、路傍で食事をしてゐた。

時、河陽軍所屬の軍卒數百人が其の前を通過したが、馬から下りて敬禮せぬとて大に怒り、河陽軍の兵使からの公文を示して叛卒にあらざることを陳辯したが許さいで、悉く殺戮し、野は時ならぬ屍の山と化した。禹はこれを自分の軍功の如く裝ひ、土賊を捕へ斬殺したと上申したので、安東府使に陞任した。其の後ち河陽人の孤兒寡婦は、高官の人に逢ふ毎に馬首を捉らへて寃を訴へたが、禹の名聲が高かつたので遂に聽かれなかつた。（通俗朝鮮文庫第五卷懲毖錄參看）

對曰塩

宣祖大王は儲位を定める前に諸王子を試めさうと思つて、或日諸王子を聚めて食事をしながら、食物の中で何が一番貴いかと訊ねられた。光海君は『鹽』であると對へた。重ねて其の理由を訊ねると、鹽でなければ百味を調和することは出來ないからであると對へた。大王は更に訊ねた。お前達が不足に思ふものは何か。光海君は母の早死であると奏した。光海君が王位に陞つたのは此の問答に成功したからであつた。

哭　龍

慶州の燈明村は海邊であるが、白晝に忽然雲霧が起り、雨雪が交はる〴〵降り、龍が人家に落ちて堂上から昇つて室内に入つた。質は黃色で黑い文《あや》があり、頭角はとげ〳〵しく、身體はくた〳〵してゐた。主人は吃驚して逐ひ出したら、門前の大樹の穴へ逃げ込んで了つたので、藁草を積んで火を點けた。すると黑い烟りが渦を捲いて空中に舞ひ騰つた。散落した鱗を見ると、大きいのは盆の如く、小さいのは碁石のやうであつた。府尹の朴毅長は學問のない武人なので、能くも調べないで捨てゝ了つた。それは丁度宣廟の朝の丙申の年であつた。世運が塞がつて來れば神物も亦禍を受けるとは何と云ふ嘆かはしいことであらう。昔、新羅敬順王の薨去された時には、遺命して骨を東海に葬つたところ、神となつて敵を禦いだ。其の後ち、黃龍を葬つた箇所に再び現はれたので、其處を利見臺と名けた。今、此の龍はどうして此處に來たのであらうか。反袂の泣けるは獨り麟を傷めたばかりではあるまい。

飛字飛去

楊士彥は號を蓬萊と云ひ、明廟の朝に文科に登第して府使にまでなつたが。大字を書けることが堪能で、襄陽の別莊にゐた時に、飛字を寫して其の子に向つて曰ふには、自分の精力は此の一字に傾盡してあるから、お前は大切に之れを護つてゐよと命じた、其の子はこれを秘密室に藏つて置いたが、或日一陣の風が海上より來て、其の紙を空中に飛ばして了つた。後で考へるとそれは士彥の世を去つた日であつた。士彥は朝鮮の四大書家の一人で金剛山萬瀑洞の臥石の上に刻してある『蓬萊楓岳元和洞天』の八大字は士彥の筆であるが、字體橫逸流動して人目を眩するばかりである。世人は之れを筆力は山勢と共に崢嶸であると稱してゐる。（通俗朝鮮文庫第五卷懲毖錄參看）

治腫相國

宣廟の朝に一大臣は朝廷に於て一言も建白したことがないので、時人は之を譏つて、相國の唾は腫物に用ゆるが宜しいと冷笑した。それは腫物を治すには物を言はない人の唾を用ゆるのが一番効目があるからである。（朝鮮には朝起きて未だ一語も發せざる中に、その唾を腫物に塗沫すれば腫物が治ると云ふ風習が今も尚行はれてゐる。）

神逐賊酋

壬辰の亂に、賊酋の平秀家は宗廟に起臥してゐたが、夜中に神怪の事があつて、大勢の軍卒が急に死んだので、平秀家は懼れて小公の住宅に引移り、宗廟を燒いたのである。

飢民頭及第

壬辰の亂に、日本軍の首級を斬つて差出した者には科第したのと同樣に恩賞があると令したので、義興縣の一人は、飢民の頭を斬り、髮を剃つて、賊の頭を斬つたと云つて差出した。縣令鄭希賢も亦軍功に預らうとして巡營に嘘を報告した。そして何れ褒美があるだらうと祝の宴を張つて喜んでゐた。しかし朝廷の人々は詩を作つて之を嘲笑してゐた。其の詩は

飢民頭上桂花浮　紅紙牌中寃血流
太守慶筵知有酒　蓋分殘瀝慰啾々

と云ふのであつた。（因に懲毖錄には死人の頭を斬つて差出したとある、同書參看）

岩屑米

宣廟朝の戊子の秋に、崇仁門外の北方の岩が崩れ砕けたが、その砕けた屑を試みに炊いて食したところが、眞の米のやうであつた。又、肅靖門外の岩の隙間から液が流れ出たが、始めは酒の味があり、少し凝結して來ると餅の味がするので、大勢の人は爭つて取り食用とした。（この事は鮮滿叢書第八卷晝永編に一層詳しく載せてある）

朝鮮公事三日

宣廟の朝に或る大官が體察使として在任してゐた時に、各地方に通牒を發する必要が起り、通牒文の配付方を驛吏に命じた。然るに三日を經過した後ち、曩に成案した通牒に修正を加へることが出來て回收を命じたところが、驛吏は其儘のものをすぐ持ち戻した。大官は顏を蹙めて、『お前は書狀を受取つてから三日にもなるのに、どうしてまだ配布しなかつたのか。』と詰問した。すると驛吏は、『朝鮮の公事は三日目に替る』と云ふ諺がありますから、また變改されることゝ思つて、今日まで延ばして置きましたと平氣で對へたので、大官も之れを罰しようとしたが、靜かに考へて見ると奇警の言であるので、その儘に捨置くことになつた。

都目演戲（政治向きの芝居）

明宗大王が御病氣の時に、群臣は心配して、何か御心を慰めたいと云ふので芝居を御覽に入れたが、一向お喜びの氣色がないので、俳優は一策を案じて政治向きの實演を御覽に入れてはと許可を願つた。大官達も可からうと云ふので、一俳優は吏判に扮し、一俳優は兵判の役を勤めることゝなり、見物の大官等は固唾を呑んで凝望して、ゐた。軈て幕が開くと、吏判は兵判に向つて『吾家の珍客に、武弁の名族たる大監の某と云ふのがゐる。今度守令に採用しようと思つたが其人の希望は軍人であつたから止めたが、兵判殿の方ではどうだ、使つて呉れないか。』兵判『名前は聞いたことがあるようだが、大監で食客をするやうなものは一向聞いたことが無い。そんな風では軍人には不適當だらう……。時に吏判殿、拙者の婿は體質が弱くて武弁には不向であるし、文章も下手で文官にも合ふまいし困つてゐる所だが、何か適當な就職口は無からうか、お世話を願ひたいものだ』吏判『そりやあ氣の毒なこつたが、それなら案山子《かゝし》の職が適任だらう』と云つたので、大王は初めて大笑された。

呀嗟峴

洪繼寛は明宗朝の人で、神卜者として有名であつた。曾て明宗王の命數をトし、某年某月には非業の最後を遂げる、それを脱がれるには、龍床の下に匿れゝば免かれると占した。其日に王は龍床の下に隱れてゐると、一匹の鼠が軒先きを横ぎつた。王は洪に向つて、今の鼠は何匹過ぎ去つたかと訊ねた。繼寛は恭しく三匹だと對へた。王は怒つて、お前の言ふことは皆妄言だと、すぐさま刑官を召寄せて斬罪に處すべきことを命じた。是時まで罪人の刑場は堂峴の南方の沙江の邊りにあつた。繼寛は刑場に引かれて來て、一卦を占し、ほんの食事をする時間だけの時間を待つて貰へば助かる道があるから少し猶豫して呉れと頼んだ。王は繼寬を押送した後で、その鼠を捕へて腹を剖いたら、腹の中から二匹の雛が現はれたので、王は非常に驚いて、急使を差立てゝ繼寬の處刑を中止させやうとした。急使が堂峴まで走り付いて様子を見ると、今將さに處刑せんとする所なので、大聲を擧げて中止を叫んだが聞えないかと思つて、手を擧げて合圖した。刑官はこれを見て處刑の執行を促すのであらうと早合點して、直ちに繼寬を斬つて了つた。急使は止むなくその事實を申上げると、王は呀嗟《なげ》いて已まず、その刑場を堂峴に移された。時人は堂峴を改稱して呀嗟峴と名けた。

練光亭桂月香（平壤の名妓）

桂月香は平壤府の名妓であるが、壬辰の亂に、敵酋平行長の副將が練光亭を攻め取つた。其人は勇力絶倫で毎戰我が陣を陥れたので平行長に重く信任されてゐた。名妓桂月香は、其人に捉へられて愛幸されてゐたが、我軍の兵使李薲、助防將金應瑞、別動隊の金億秋等が一萬餘人の兵を率ゐて平壤に攻め寄せたが、敗退したのを見て、桂妓は城にゐる兄を訪問するからと賊將を騙かし、窃かに城に登つて、妾の兄さんはどこにゐますかと連呼した。金應瑞は日頃桂月香とは情交《なか》が好かつたので聲を便りに桂妓の許に忍び寄り、素知らぬ風をして二人で練光亭へ入つて兄だと云つて面會した。やがて桂妓は賊將の寢た隙を伺つて、金應瑞を手引した。應瑞は敵將の威嚴に壓せられて逡巡してゐるので、桂妓は應瑞を勵まして遂に敵將の首を斬り落した。應瑞はその首級を提げて門を出たが、桂月香は、『妾は既に敵に汚された身であるから生きてはゐられない、賊を殺して了へば妾も恨みは殘らないから、將軍の手で死して呉れ』と云つて聽かない。應瑞は涙ながらに桂妓を斬殺して陣に歸つた。翌朝敵の大勢が之れを知つて大騷ぎをした。

矗石樓論介（晉州の歌妓）

壬辰の亂に、晉州判官の金時敏は、數千に過ぎざる殘軍を以て能く十數萬の大敵を擊退して、遂に城を保ち得たが、丁酉の再亂に、牧使徐元禮、倡義使金千鎰等の率ゆる六萬の兵を以て城を守つた。壬辰の亂の時に比すれば十倍の軍勢なので、將卒達は安心して枕を高くしてゐた。獨り晉州の歌妓論介は心配して危き由を語るので、千鎰は其の故を訊ねた。論介が曰ふには、以前には兵は少なかつたが將卒は互に相愛し、號令は一つに出たので勝つたが、今度は軍を統一するものが無く、將は兵を知らず、兵は將を見覺えない、それ故に心配するのでありますと臆面なく告げたので、千鎰は氣色を荒らげて、それは妖言であると云つて斬らうとしたが、他のものが頻りに止めたので許した。すると間もなく城は陷落し、將士軍民は屠殺された。妓の論介は粧を凝らし衣裳を着飾つて矗石樓の岩角に轉びつ起きつ出て來た。敵將は論介を誘拐しようとしたが、論介は腰に手を當て、潭水に投身して死んだ。兵亂が濟んでから、州人は之れを義として樓前に祠を立てた。今日も尙每年春秋には群妓が會集して篤く祀つてゐる。

五行堂上

光海の朝に、宮殿修覆の費用として苛税を取立てられたので、民財は盡きて窮困の極に迫つた。そこで止むを得ず、民に官を買はせて費用を得ようとした。金銀は勿論、織布米鹽を納めた者、乃至は道路を開き、河川を修築し、鍛鐵を掘鑿するものには高官を與へることにした。時人は之を五行の堂上と稱した。李仲は雜菜類を献納して戶判となり、韓老純は山蔘を進貢して臺閣に列した。當時の詩に、

山蔘閣老人爭蔘　雜菜尙書勢難當

と詠んだのがある。

今日火出

光海朝の丙辰の年に、御前試驗があつた。その三四日前に、權臣李爾瞻は、親族の李進士に一柄の筆を送つた。ところが使の者は間違へて隣の家に屆けた。隣の人がその筆筒をよく見ると、小紙に何だか書き付けたものがあるやうなので、拔き取つて見ると、それは御前試驗に出すべき科題で、『擬唐朝鮮臣謝賜楡柳火』とあつた。隣人は急いで之を謄寫し、何に喰はぬ顏して李進士の家に送り屆けた。やがてその日が來た。兩人は一向そんな氣振りも見せないで試驗場に入つて行つたが、誰れ言ふとなく、今日は火が出る、火が出ると噂し合つてゐたが、果して其題が課せられた。

以妻代妓

光海の朝に、一人の吏曹郎官に權勢を揮ふものがあつて、役人の進退は大抵この人の手で行はれたので、仕官者は爭ふて此人の御機嫌を覗つてゐた。或る求官者がその心意で吏曹郎官の門を叩き、『私の近所に素敵もない美しい藝妓がゐるから、一度酒間のお弄みにしてはどうです』とお世辭を列べたので、吏曹も目を細くして承諾した。求官者は喜んで妓の家に請じたが、その日は生憎他出して家にゐなかつた。求官者は信用を墜しては不可ぬと、早速の思ひ付きで自分の妻を妓だと僞つて取持ち、妻に吏曹と同衾しろと命じた。妻は嫌だと云つて承知しない。求官者は事情を話して妻に再三再四懇諭したが、どうしても承知しないので、無理々々妻を引いて吏曹の寢床へ引摺り込んだ。すると妻は大聲を發して堅く拒絶する騷ぎに、吏曹は吃驚して歸つて了つた。

詩獄

光海朝に、敎官の權韠は詩歌に堪能で、落魄しても節を曲げず、汚世の科には赴がぬと頑張つてゐた。時の戚臣である柳希奮等が國事を專らにしてゐたので、進士の任叔英は時政を諷論し、言辭切直であつた爲めに、光海君は憤怒してビリ〱に破つた。その時、韠は

宮柳青々鶯亂飛　滿城冠蓋媚春輝
朝家共賀昇平樂　誰遣危言出布衣

と云ふ詩を作つた。宮柳は外戚の柳一族を指し、布衣は叔英を指したのであつた。光海君は之を憎んで拿囚し刑獄に下した。やがて獄屋を出て興仁門の民家に寄寓してゐたが、或日大飲醉臥して壁上に一詩を題した。その詩は

況是青春日將暮　桃花亂落如紅雨
權君終日酩酊醉　酒不到柳伶墳土

と云ふのであつた。それは古詩の勸と云ふ字をわざと權と誤書し、劉字を柳字に誤書したのである。それがためにまた〱不遇の窮地にあつたが、時恰も三月晦日で、窓

外には落花亂舞し、繪の如き詩境に、釋は傷魂して其のまゝ殞死した。

織具代箭

忠武公李舜臣の夫人方氏は、幼少より警敏であつたが、十二歳の時に賊に襲はれ、父は賊を射殺さうとしたが、矢が無くなつたので房室《へや》中《ぢう》の箭を捜し索めが見付からない。方氏は氣を利かして父の聲に應じて織具や雜竹を急ぎ取つて床の上に擲げた。その響きは澤山の箭のやうであつたので、賊は驚いて逃げ失せた。

石行

宣廟の朝の癸卯の六月に、京江露梁の大石が水中より起き上つて動いて來て、岸の上の他の石の上に立つた。慈仁縣の石も數十歩起行したとのことである。

飯匙稍鉅即上變

光海の朝には僞獄が甚しく多かつたが、或時一獄吏は無知の村民を逮捕して來て訊問するには、お前はどうして不軌を圖つたのだと面詰した。すると捕縛された村民は、不軌とは何の事かと反問した。獄吏は謀逆の事だと睨め付けた。村民は不可解な顏をして、謀逆とは何の事かとまた反問した。獄吏は王樣を無きものにすることだと說明すると、村民は吃驚して、どうして〳〵そんな途方もないことを考へませう、窮巷の殘民は柴を賣つて糊口を凌いでゐますが、それでも食へないで困つてゐます。何で王樣などを無きものに致すやうな考へが起りませう、と天に誓つて、我に斯心有れば狗子、牛子と云つたので、聞く者は皆んな可憐想だと思つた。柳夢寅の小說に、飯匙が人より稍鉅きいのを見るときは事變が起るといつたのは眞實の事である。

靈鵲報喜

光海朝に、光山府夫人盧氏（大妃母夫人）は濟州に配謫されて十年以上にもなり、生還の望とてもなかつたが、一日鵲が簷の上に飛び來り、何やら頻りと囀づつてゐたので、夫人は憂はし氣に、家は破れ、人は亡びて何の喜ばしい事のあるものぞと獨語したが、鵲は島などにゐる鳥でないので不思議に思つてゐると、俄かに人聲がして夫人を迎へ、朝天館に奉安した。それは仁祖大王が反正されて、奉迎の使者を載せた船を送るとき、鵲は橋頭にゐたが、岸邊に近づくと、忽ち空高く飛んで先き廻はりをして喜びを知らせたのであつた。

春意春畫

燕京と云ふ所では、男女交合の狀を、或は畫にし、或は彫刻し、彫刻したものは春意と名け、畫いたものは春畫と稱した。仁祖の朝に、中國の使節に答禮する贈物の中に、象牙に春意を彫刻したものがあつたので、主上は之を粉碎せよと命じたが、朝臣は手に執りながら見惚れて賞玩し、粉碎するのは惜しさうに、いつまでも眺め入つてゐた。

異　僧

仁祖朝の丁卯正月七日に、一人の老僧が杖に縋つて平壤の營門を叩きながら我國の禍機は今目睫に迫つてゐる、若し我れの一言を聽けば無事であると怒鳴つてゐたが、門番は狂僧だと思つて追拂つて了つた。それから間もなく倭寇があつた。此れは必らず異人で、禍を轉じて福と爲すの術を知つて之を告げたのであらうが、空しく追拂つてしまつたことは追惜に堪えない。

氷　城

仁祖朝の丙子の亂に、主上が南漢城に駐御の折、賊陣から大砲を連發されて、城堞の一隅を破壞されたので、數百の空石を積み、土を盛つて蔽ひ、水を灌いで氷と成したが、堅きことと鐵石の如くであつた。

不剃髮

清國の初に、我國の人を俘獲すれば必ず髮を剃つて了つた、丙子の亂後にも汗（清皇帝）に勸めて剃髮させようとしたら、汗は各部落に命じて、朝鮮は禮義を重んずる國で、髮を愛することは頭より甚しいとのことであるから、若し頭髮を剃ることを強制すれば、軍を回へした後で反覆するかも知れないから、習俗は尊重した方が可いと止めた。

人面雹

仁祖朝の丙寅五月に、昌城に雨雹が降つたが大きさ人面の如く、皆んな之れに眼鼻が具いてゐた。丁卯の亂には、府使金時昔は、任地に於てこの雹に打れて死んだ。乙亥の七月には金化に降つたことがあるがこれも人面の大きさであつた。丙子の亂には監司洪命耆が人面の雹に遭つて、在任地で敗死した。

以手啖食

仁祖大王は曾て世子のめに嬪を選擇したが、擇ばれた一婦女の容貌は、豐麗にして見るからに有德の婦人と思はれたので、それに定めようかと思つたが、擧止動作が檢束《しだら》なく、阿呆笑ひをしたり、摘み食ひをするので、宮中では狂人扱ひをした。これでは困ると思つて他の婦女を選定しが、その後その婦女は他家に嫁入りしたが、端麗貞淑にして婦徳高き評判なので、仁祖大王は一抔食はされたと氣付いた。

因妾捕賊

仁祖の甲申年間に、訓鍊大將の具仁垕は、一夜妾宅に同寢した。すると夜中に門番が慌ゞしく駈けて來て、急用で大將に會ひたいといふものが來たと取次いだ。仁垕は飛び起きて面會しようとしたのを、妾は仁垕の袖を牽ひて、夜中に人を訊ねて寢間を騷がせるやうなものは碌なものではありません。きつと惡者かも知れませんから滅多にお會ひになつては不可ませんと注意した。仁垕も成程と首肯いて、早速部下に命じて炬火を焚かし、衞卒を排列してから召見した所が、果して袖の中に匕首を隱してゐた。それは青原君沈器遠が、事變を起さうとして、先づ仁垕を害殺しようとして刺客を送つたのであつた。刺客は捕へられてすつかり事實を白狀した。仁垕が禍を轉じて福と爲すことが出來たのは妾のお蔭である。

刑罰不可無

宗室の豐山守といへる人は、菽麥さへも辨ずることの出來ない白痴であつた。自分の家に鴨が飼養してあつたが計數することを知らないで、唯二羽づゝ數へることだけを知つてゐた。或日家僮が一羽の鴨を烹て食つた、豐山は二羽づゝ數へたところが一羽餘つたので非常に怒り、家僮を杖で打ちながら、貴樣は一羽を盜んだのだらう、他の鴨でも可いから辨償しろと責めた。翌日家僮はまた一羽の鴨を烹て食つた。豐山が二つづゝ數へると餘りが出なかつたので家僮が辨償したものと思つて、刑罰は無くてはならない、昨夕家僮を杖で責めたので、直ちに辨償したと喜んだ。

凶則吉

老人の盲に金乙富といふのがゐた。いつも廣通橋の袂で卜筮を業としてゐたが、その占易が少しも當らないので、婦人達は、廣通橋の占者が凶と云つた時は吉だと嘲笑つてゐた。其頃參判金賢甫の息子が科擧の試驗に赴く時、賢甫が息子の文章を檢するのに、餘り上手でなかつたので、到底選には入るまいと云つた。所が意外にも及第したので、同僚は相顧みて、金參判は廣通橋の盲易者と同じだと笑つた。

尼僧固所願

判院の金孝誠は大勢の愛妾を持つてゐたので、夫人は嫉妬を起して、心苦しい日を送つてゐた。或日いつもの通り孝誠が還ると、夫人の坐敷の隅に、墨染の衣と苧布が一疋置いてあつたので、孝誠は不思議に思つて、あれは何んだと夫人に訊ねた。夫人は形容を改めて。あなたは澤山のお妾さんを可愛がつて、私を仇敵のやうになさるから、私は出家して尼にならうと思つて調度をしたのです。と怨んだ。金判院は目を細くして笑ひながら、それは結構なことだ、乃公《わし》は色好きで、藝妓娼妓は言ふまでもなく、身分の低い良人ある妻から針仕事の女中に至るまで手を付けないものはなかつたが、まだ尼僧だけは抱いて寝たことはない。もしお前が尼僧となるならば、それこそ乃公《わし》の願ふ所であると眞顔で語つた。これを聞いた夫人は口惜しさに一言も出ず、矢庭に墨染の衣を取上げてビリ〳〵に引裂いて、疊の上に叩き付けた。

五百年奇譚 完

이시준 숭실대학교 일어일본학과 교수
숭실대학교 동아시아언어문화연구소 소장
일본설화문학, 동아시아 비교설화・문화

장경남 숭실대학교 국어국문학과 교수
한국고전산문, 동아시아속의 한국문학

김광식 숭실대학교 동아시아언어문화연구소 전임연구원
한일비교설화문학, 식민지시대 역사 문화

숭실대학교 동아시아언어문화연구소
식민지시기 일본어 조선설화집자료총서 9

오백년기담

초판인쇄 2013년 06월 21일
초판발행 2013년 06월 25일

저 자 최동주, (일본어 초역) 시미즈 겐키치
편 자 이시준 · 장경남 · 김광식
발 행 인 윤석현
발 행 처 제이앤씨
등록번호 제 7-220호
책임편집 최인노 · 김선은 · 주수련

우편주소 132-702 서울시 도봉구 창동 624-1 북한산현대홈시티 102-1106
대표전화 (02)992-3253
전 송 (02)991-1285
홈페이지 www.jncbms.co.kr
전자우편 jncbook@hanmail.net

ISBN 978-89-5668-959-3 94380 정가 15,000원
978-89-5668-909-8(set)

본 도서는 2012년 정부(교육과학기술부)의 재원으로 한국연구재단의 지원을 받아 수행된 연구임(NRF-2012-S1A5A2A03-2012S1A5A2A03033968)